Helmut Danner

Hermeneutik

Helmut Danner

Hermeneutik

Zugänge, Perspektiven, Positionen

wbg Academic

Die Deutsche Nationalbibliothek verzeichnet diese Publikation in der Deutschen Nationalbibliografie; detaillierte bibliografische Daten sind im Internet über http://dnd.d-nb.de abrufbar

wbg Academic ist ein Imprint der Verlag Herder GmbH

Satz und eBook: Satzweiss.com Print, Web, Software GmbH
Gedruckt auf säurefreiem und
alterungsbeständigem Papier
Printed in Germany

Besuchen Sie uns im Internet: www.wbg-wissenverbindet.de

ISBN 978-3-534-40546-6

Elektronisch sind folgende Ausgaben erhältlich:
eBook (PDF): 978-3-534-40548-0
eBook (epub): 978-3-534-40547-3

Für Glenn Goltz –
immer bemüht,
über Grenzen hinweg
zu verstehen.

Inhalt

I. Einführung: Wozu Hermeneutik?

Zunächst mag man fragen, was denn Hermeneutik überhaupt sei; denn dieses ungewöhnliche Wort kommt in unserer Alltagssprache nicht vor. Aber es spielt in der Wissenschaft eine Rolle und stammt von dem griechischen Wort *hermeneúein*. Das wurde von den Römern mit *interpretare* wiedergegeben; damit erhalten wir einen ersten Hinweis auf die Bedeutung von Hermeneutik: Es geht um eine Theorie der Interpretation oder – wie in der Romantik formuliert wurde – um die Kunst der Auslegung.

Hermeneúein bedeutet unter anderem: aussagen, auslegen und übersetzen. Dieses Buch greift jene wesentlichen Aspekte von Hermeneutik auf. Denn diese ist einerseits eine Theorie, um das zu erhellen, was beim Interpretieren und Verstehen vor sich geht. Doch andererseits ist das nichts Abstraktes und Theoretisches. Denn unentwegt wollen wir verstehen, und wir werden auch gezwungen zu verstehen, wenn wir uns zurechtfinden wollen im Alltag, etwa in ungewohnten Umgebungen, in einer fremden Stadt, ein Berliner in München, ein Deutscher in Kairo. Wir kaufen ein Handy und interpretieren mit Mühen dessen Gebrauchsanleitung. Oder wenn wir etwa einen französischen Text übersetzen, mag sich das Verstehen-Wollen und Verstehen-Müssen ganz besonders aufdrängen.

Mit den Vorgängen des Aussagens, Auslegens und Übersetzens wird ganz grob angedeutet, worum es sich bei der Hermeneutik handelt. Und die erwähnten Beispiele zeigen bereits, dass es dabei zum einen um etwas ganz *Alltägliches* geht; zum anderen haben wir es mit etwas *Grundlegendem* zu tun, das sich in der Sprache und im Verstehen von Sprache abspielt. In unserem Alltag beschäftigen wir uns nicht mit Hermeneutik als der *Theorie* des Verstehens; wir praktizieren es mehr oder weniger erfolgreich. Dennoch hat sie für unser Leben und natürlich insbesondere für die Wissenschaft eine besondere *Bedeutung;* sie macht eine Perspektive der menschlichen Welt bewusst, die mit der Art des naturwissenschaftlichen und technischen Denkens und dessen Sichtweisen nicht erfasst wird. Denn zur menschlichen Welt gehören Sprache und vom Menschen hergestellte Produkte, und diese repräsentieren Sinn, Meinung und Bedeutung, Absicht oder Zweck. Das bedarf einer besonderen Weise des Erkennens und der (sprachlichen) Wiedergabe – anders als dies bei naturwissenschaftlichen und technischen Erkenntnisvorgängen nötig und möglich ist.

Dieses Buch möchte den Einstieg in die Hermeneutik als der Theorie der Interpretation erleichtern. Es will kein Ersatz sein für theoretische, insbesondere philosophische Einführungen, vielmehr eine *Ergänzung* zu ihnen, um ein Verstehen anzubahnen[1]. Dazu betrachten wir grundlegende Zugänge zur hermeneutischen Fragestellung: nämlich über das Verstehen von Menschlichem ganz allgemein, über die Rolle, die die Sprache beim Verstehen spielt, und über die besondere Situation der Geisteswissenschaften gegenüber den Naturwissenschaften. Sodann führen wir uns zentrale hermeneutische Vorgänge und Phänomene eingehend vor Augen – Verstehen, Sinn, hermeneutischer Zirkel etc.; dazu werden wichtige Textstellen von Hermeneutikern zitiert und interpretiert; Begriffs-Schemata sollen Zusammenhänge und Gedankengänge veranschaulichen. All das kann das gründliche Studium von theoretischen Einführungen und vor allem von Abhandlungen zur Hermeneutik nicht ersetzen. Würde dies vernachlässigt, bestünde die Gefahr einer Vereinfachung der Sachverhalte. Doch schon an dieser Stelle kann auf einen hermeneutischen Prozess hingewiesen werden: auf ein Hin- und Hergehen zwischen den Erläuterungen in diesem Buch und den hermeneutischen Originaltexten. Dabei geschieht – soll geschehen – ein gegenseitiges Erhellen und ein immer besseres Eindringen in den hermeneutischen Sachverhalt.

Hermeneutik beschreibt einen Erkenntnisprozess, der nicht geradlinig und einlinig ist. Verstehen ist nicht das Ergebnis des Addierens von Fakten; es ergibt kein endgültiges Resultat im Sinne von 1 + 1 = 2. Es handelt sich jeweils um ein Andersverstehen, wenngleich um ein begründetes Verstehen. Das mag ein Ärgernis, ja Unsinn, für beispielsweise naturwissenschaftliches Denken sein. Weil es ein Denken und Erkennen gibt, das sich vom naturwissenschaftlichen Denken und Erkennen unterscheidet und das sich von der *Sprache* leiten lässt und nicht von der Mathematik, darum ist ein hermeneutischer Zugang zu Phänomenen des *Menschlichen* erforderlich.

---

1 Siehe als einführende Literatur zur Hermeneutik unter anderem: Danner, Methoden; Gadamer, Hermeneutik; Gadamer/Boehm, Seminar: Philosophische Hermeneutik; Grondin, Einführung; Hufnagel, Einführung; Ineichen, Philosophische Hermeneutik; Joisten, Philosophische Hermeneutik; Jung, Hermeneutik; Seiffert, Einführung; Vedder, Was ist Hermeneutik?

Im Folgenden soll also der Zugang zur Hermeneutik und ihr wissenschaftstheoretischer Ort näher beschrieben werden; dieser wird insbesondere durch die Vieldeutigkeit der Sprache bestimmt (II). Die Darstellung und Diskussion von hermeneutischen Phänomenen wird einen breiten Raum einnehmen, da dadurch das Verständnis von Hermeneutik wohl am ehesten ermöglicht wird (III). Ein kurzer Verweis auf die lange Geschichte der Hermeneutik sowie auf bedeutende hermeneutische Aspekte dokumentiert das Ringen um eine angemessene Sicht auf Verstehen und Auslegen (IV). Schließlich werden wir an zwei exemplarischen Bereichen sehen, dass hermeneutisches Auslegen an die Notwendigkeit der ethischen Stellungnahme heranführen kann, etwa bei der Interpretation eines modernen Romans, oder an das Eingeständnis des Nichtverstehens etwa bei der Begegnung mit fremden Kulturen (V).

Dieses Buch will eine erste Annäherung an hermeneutische Theorie und hermeneutisches Denken ermöglichen; es will Verstehens-Hilfen und Denkanregungen geben. Insofern soll es ein *Arbeitsbuch* sein, das man nicht einfach durchliest, sondern mit dessen Inhalten man sich beschäftigt, indem man hin- und hergeht zwischen Geschriebenem und Verstandenem sowie Unverstandenem, zwischen Originaltexten und Erläuterungen.

Zum Schluss bleibt nun doch vielleicht die Frage offen: *wozu* Hermeneutik? Sie scheint ein Spezialgebiet von Literaturwissenschaftlern und von Philosophen zu sein. Das ist sie auch und vor allem; sie brauchen ein „hermeneutisch geschultes Bewusstsein", wie Gadamer sagt[2]. Doch wenn wir bewusst darauf achten, stellen wir fest, wie ein *Verstehen* unentwegt von uns gefordert ist. Darauf haben wir eingangs bereits hingewiesen – im Alltagsgespräch, in einer ernsthaften Diskussion, beim Hören einer Nachricht, beim Lesen der Zeitung, von Büchern, von wissenschaftlichen Abhandlungen, ganz besonders auch, wenn wir einen Fremden aus einem fernen Land treffen – oder auch jetzt, indem Sie dieses hier lesen. Immer geht es um unser Verstehen, oft unauffällig, dann wieder als Herausforderung. Und immer wieder stellen wir fest, dass wir etwas missverstanden haben. Sich die Vorgänge, die durch die Hermeneutik reflektiert werden, bewusst zu machen, kann uns zur Vorsicht gemahnen: Ein schnelles Verstehen kann sich leicht als ein Falschverstehen herausstellen. Das ist nun mehr als eine platte Lebensweisheit; die Beschäftigung mit hermeneutischen Vorgängen und Zusammenhängen mag uns darum anleiten,

[2] Gadamer, Wahrheit und Methode II, 60 f.

tiefer, angemessener, richtiger zu verstehen, weil wir erkannt haben, wo einerseits die Fallen des Nicht- und Missverstehens liegen und andererseits *wie* das Verstehen geschieht und worauf wir deshalb zu achten haben. Vor allem kommen Philosophie, Geistes- und Sozialwissenschaften sowie Theologie ohne hermeneutische Reflexion nicht aus.

II. Zugänge zur Hermeneutik

1. Verstehen von Menschlichem

Stellen Sie sich vor, Sie zelten mit Freunden in einem einsamen, abgelegenen Tal, das in Utah, Nordamerika, liegt. Dort wandern Sie einen weglosen Berg hinauf. Der felsige Untergrund erlaubt nur einigen kargen Büschen und halb vertrockneten Bäumen ein Überleben. Weit und breit keine Spur von Menschen. Sie suchen sich durch das Gestrüpp einen Weg und haben das Gefühl, die ersten Menschen in dieser Wildnis zu sein, eingetaucht in nichts als Natur, nichts als Steine, trockene Gräser, bizarre Bäume.

Plötzlich fällt Ihnen etwas in die Augen – it strikes you! –, was völlig aus dem Rahmen des Natürlichen fällt: einige flache, aufgeschichtete Steine, eine Steinpyramide (Abb. 1). Sie kann nicht zufällig hingeworfen sein wie viele andere Steine in der Umgebung. Das hat *jemand* gemacht. Mit einer Absicht, mit einem Zweck. Das bedeutet etwas. Aber was? Sie fangen an, mit Ihren Freunden zu rätseln. Die aufgeschichteten Steine sind ein Hinweis, eine Markierung, offensichtlich von Menschen für andere Menschen. Gibt es etwas Besonderes an diesem Ort? Zeigen die Steine eine Richtung und einen Weg an?

Sie finden möglicherweise nicht heraus, was genau diese Steine bedeuten sollen. Aber Sie wissen, Sie sind sich sicher, dass deren Anordnung kein Zufall sein kann, sondern dass *jemand* etwas *sagen* wollte. Sie wissen nicht, *wer* dieser Jemand war, für *wen* er eine Mitteilung geben wollte, auch der volle *Inhalt* dieser Mitteilung bleibt Ihnen verschlossen. Doch Sie sind eigentümlich berührt von jenen künstlich aufgeschichteten Steinen – etwas Fremdes in einer völlig anders gearteten Umgebung.

Ähnliches ist mir begegnet auf einer kleinen Wanderung über die ägyptische Wüste, die zwischen Kairo und Suez liegt: nichts als Sand, hin und wieder ein paar Steine, vielleicht einsame Grashalme, keine Menschenseele, auch hier ‚Natur pur'. Und dann diese fast erschreckende, aufregende Wahrnehmung von einigen Steinen, an die offensichtlich Hand angelegt worden ist. Einige kleine Flintsteine sehen aus wie – sind?! – Pfeilspitzen; und ein etwas größerer Stein wurde behauen; kleine Splitter wurden an dem halbrunden, dunkelbraunen, glänzenden Material abgeschlagen; vermutlich konnte das als Schaber dienen. Auch diese Dinge sind keine einfachen Steine mehr wie unzählige andere in derselben Gegend. Vermutlich Beduinen, die immer noch dort leben und durchziehen, haben jene Steine bearbeitet und ihnen einen Zweck gegeben als Geräte und Waffen. Wir können ihre Bedeutung nur erahnen. Aber auch hier hebt sich etwas offenkundig Menschliches ab von bloß Natürlichem. Das Besondere hier ist, dass – wie jene Steinpyramide von Utah – sich etwas bedeutungsgeladenes Menschliches isoliert findet in einer rein natürlichen Umgebung. Gerade dieses Herausgehobensein macht uns aufmerksam auf etwas, das typisch menschlich ist. Es provoziert uns, *verstehen* zu wollen. Einen (unberührten) Stein oder einen Baum wollen und können wir nicht in diesem Sinne verstehen.

In unserem normalen Alltag kennen wir jene Provokation eines isolierten Dings nicht, das wir verstehen wollen, weil es uns als Menschliches anspringt. Denn wir sind umgeben von vertrauten menschlichen Dingen – von Geräten, Möbeln, Fahrzeugen, Büchern. Aber Verstehen-Wollen und -Müssen provoziert uns dann, wenn vor allem Gegenstände und Gesagtes sich in ihrer Bedeutung und in ihrem Sinn verschließen. Dann fragen wir und wollen ‚es wissen': wozu ein Gerät dient, was ein Freund mit einer Email gemeint hat und wie wir einen Artikel interpretieren sollen. Hier beginnt Hermeneutik.

Abb. 1: Steinpyramide[3]

[3] Sofern nicht anders angegeben, liegen bei allen folgenden Abbildungen die Bildrechte beim Verfasser.

2. Ausgang bei der Sprache

Nun, Hermeneutik in einem strengen Sinn befasst sich nicht mit der Interpretation von Steinen, vielmehr mit der Auslegung von Sprache. Dennoch hat es beispielsweise die Archäologie durchaus mit historischen, auch nicht-sprachlichen Funden zu tun, die *verstanden* werden wollen: Höhlenmalereien, die 30.000 Jahre alt sind; untergegangene Stadtanlagen, die wie Troja ausgegraben werden; oder die mysteriösen Kulte der Druiden von vor 2.200 Jahren. Immer handelt es sich um *Menschliches,* das sich *gegenständlich* manifestiert hat. Für das Beispiel der Druiden gibt es aber zusätzlich römische *schriftliche* Berichte. Gegenstände und bildliche Darstellungen werden auch in der pharaonischen Kultur Ägyptens durch schriftliche Begleittexte und Zeugnisse ergänzt. Aber – damit wir Heutigen das lesen und verstehen können, ist eine Entdeckung und *hermeneutische* Tat erforderlich gewesen: die Entzifferung des Steins von Rosetta von 196 v. Chr. Dessen Inschrift ehrt König Ptolemaios V. in drei Sprachen: in altägyptischen Hieroglyphen, Demotisch und Griechisch. Die Übersetzung der Hieroglyphen gelang 1822 Jean-François Champollion (Abb. 2).

Die erwähnten Beispiele haben eines gemeinsam: Sie weisen auf *Menschen* hin, die einen bestimmten *Zweck* verfolgt haben, etwa mit der Anlage einer Stadt; die etwas *sagen* wollten, auch ohne Worte, etwa mit den Tierdarstellungen der Höhlenmalereien; oder die etwas mitteilen wollten in (für uns zunächst unlesbaren) *Schriftzeichen.* All dies verlangt nach einer Hermeneutik als der Lehre von der *Interpretation von Sprache.* Dies ist zwar die engere, obwohl allgemeine Bedeutung von Hermeneutik. Doch auch Vor-sprachliches enthält Vorgänge, die hermeneutisch beschrieben werden können: Etwas repräsentiert einen Zweck, eine Bedeutung, eine Botschaft, und das direkt oder indirekt Gesagte will verstanden, muss interpretiert werden, sofern es nicht ohne weiteres zugänglich ist. ‚Ohne weiteres' bedeutet beispielsweise: Ich sehe einen Pfeil an einer Wand und weiß fraglos, dass ich in die angezeigte Richtung gehen soll; mein Freund schreibt die kurze Nachricht: „Wie immer", und ich weiß, dass wir uns um zehn Uhr am Marienplatz in München treffen. Doch das fraglose Verstehen stellt sich nicht immer ohne weiteres ein: In einem Brief zeigt sich ein Widerspruch, und es bleibt unklar, was der Schreiber sagen will; eine Betriebsanleitung benutzt viele unbekannte technische Begriffe, und sie hilft mir nicht weiter. Oder da ist eine Hieroglyphen-Schrift, bei der erst die Zeichen und Worte enträtselt werden mussten, und *dann erst* konnte der *Inhalt* entschlüsselt werden. Auf den Vorgang des Verstehens werden wir später noch ausführlich zu sprechen kommen. Vorläufig ist wichtig, den *Zusammenhang* von Menschlichem mit Bedeutungen und Sinnhaftem zu erkennen, das schon mit Vor-sprachlichem gegeben ist und dann vor allem mit *Sprache*, also mit Gesprochenem und Geschriebenem.

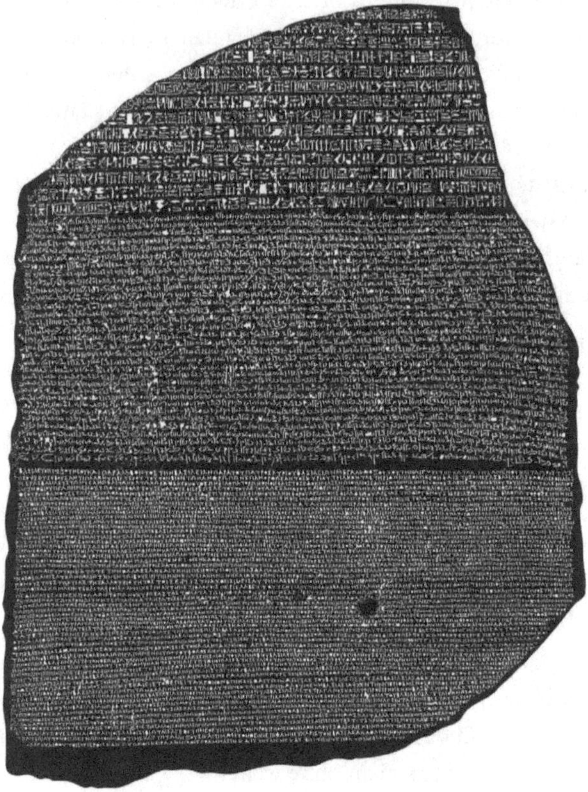

Abb. 2: Der Stein von Rosetta[4]

Zugegebenermaßen ist das Hieroglyphen-Beispiel weit hergeholt. Wer muss schon Hieroglyphen lesen können? Unser Alltags-Verstehen ist doch wesentlich unkomplizierter. Wirklich? Machen wir die Probe aufs Exempel und nehmen das Wort ‚Brot' und übersetzen es in verschiedene Sprachen. Etwas Einfacheres

4 Ptolemy V Epiphanes, Public domain, via Wikimedia Commons.

scheint es nicht zu geben. ‚Brot' heißt im Englischen ‚bread', im Französischen ‚pain' und im Italienischen ‚pane'. So haben wir es gelernt. Doch wenn es zur *Sache* ‚Brot' kommt – die mit ‚bread', ‚pain' und ‚pane' gemeint ist –, dann stellt der verwöhnte Deutsche fest, dass er nicht aus einem Dutzend Sorten von Schwarzbrot auswählen kann. Denn das lange französische *baguette* ist von Weißmehl gemacht; auch in England ist Brot in der Regel Weißbrot in verschiedenen Formen; im Vergleich dazu hat das italienische pane wenigstens eine Kruste, aber ist in der Regel Weißbrot. Das sind nun eher Äußerlichkeiten. Wichtiger sind die *Essgewohnheiten*, die sich mit ‚bread', ‚pain' oder ‚pane' verbinden. Kann Brot Hauptbestandteil einer Mahlzeit sein – für eine ‚Brotzeit' oder als Sandwich –, oder dient es nur als Beigabe? Brot hat einen Bezug zur Ess-Kultur; es hat gesellschaftliche Bedeutung als ‚Brot und Salz', das dem Gast angeboten wird. Man spricht davon, dass jemand in der Lage sein soll, sich sein ‚Brot selbst zu verdienen'. Schließlich gibt es einen religiösen Bezug: „Unser tägliches Brot gib uns heute", wie es im Vaterunser heißt. Was also ist mit dem jeweiligen Wort ‚Brot' *gemeint?*

Das „Museum Brot und Kunst" in Ulm[5] hat 56 Worte zusammengestellt, die alle ‚Brot' bedeuten – in verschiedenen Sprachen, in unterschiedlichen Schriften, in der ganzen Welt (Abb. 3). Würden wir den jeweiligen *kulturellen* Zusammenhang untersuchen, in denen das dort aufgeführte Wort ‚Brot' steht, müssten wir wiederholt feststellen, dass ‚Brot' im Deutschen und ‚Brot' in einer anderen Sprache und in einer anderen Kultur nicht dasselbe sind. Zu verschieden sind die Formen des Brotes, die Bestandteile und vor allem die damit verbundenen gesellschaftlichen und kulturellen Essgewohnheiten. Brot ist nicht gleich Brot. Und das sollte uns zu denken geben. Denn wenn schon dieses so Einfache verlangt, dass wir auf die *wirkliche Bedeutung* eines Wortes achten, auf das, was sich dahinter verbirgt – um wieviel mehr ist das für komplexere *sprachliche* Zusammenhänge erforderlich. Es muss sich dabei nicht um Hieroglyphen handeln.

Offensichtlich müssen wir uns näher mit der *Sprache* befassen, um dem Vorgang, der mit Hermeneutik gemeint ist und untersucht wird, näher zu kommen. *Wilhelm von Humboldt* (1767–1835) war nicht nur ein Diplomat in preußischem Dienst und ein Bildungstheoretiker und als solcher Mitbegründer der Universität in Berlin, er war vor allem auch ein Sprachforscher und -theoretiker.

---

5 Ehemals „Deutsches Brotmuseum", Ulm.

(1) Gälisch, (2) Schwedisch, (3) Bulgarisch: chljab, (4) Syrisch: lahmo, (5) Portugiesisch, (6) Georgisch: puri, (7) Russisch/Weißrussisch /Serbisch: chleb, (8) Finnisch, (9) Japanisch: pan, (10) Tschechisch, (11) Hebräisch: lechem, (12) Französisch, (13) Amharisch: Injera, (14) Rumänisch, (15) Niederländisch/ Afrikaans/Niederdeutsch, (16) Kasachisch: nan, (17) Englisch, (18) Chinesisch: mian bao, (19) Gotisch: hlaifs, (20) Kirchenslawisch: chleb, (21) Jiddisch: braut, (22) Lettisch, (23) Belutschi: doda, (24) Isländisch, (25) Phrygisch: bekos, (26) Spanisch, (27) Hindi: roti, (28) Albanisch, (29) Neugriechisch: psomi, (30) Lateinisch, (31) Estnisch, (32) Dänisch/ Norwegisch, (33) Koreanisch: ppang, (34) Suaheli, (35) Obersorbisch, (36) Amharisch: dabbo, (37) Esperanto, (38) Geez: hebest, (39) Ungarisch, (40) Slowakisch, (41) Makedonisch: leb, (42) Vietnamesisch, (43) Mongolisch: talchan, (44) Ukrainisch: chlib, (45) Italienisch, (46) Arabisch: chubs, (47) Persisch/Kurdisch/Sindhi/Uighurisch: nan, (48) Tigre: ingera, (49) Polnisch, (50) Tibetisch: bag-leb, (51) Türkisch, (52) Rumänisch: pajne, (53) Deutsch, (54) Kroatisch/Slowenisch, (55) Litauisch, (56) Altgriechisch: artos, www.museum-brotkultur.de

Abb. 3: Worte für ‚Brot‘ und ihre Sprache[6]

Seine Überlegungen können uns Hinweise darauf geben, wie Sprache und das Verstehen zusammenhängen. Denn soviel hat sich bereits gezeigt, dass Hermeneutik mit dem Verstehen von Sprachlichem zu tun hat. In seiner Studie „Über die Verschiedenheit des menschlichen Sprachbaues und ihren Einfluss auf die geistige Entwicklung des Menschengeschlechts“ analysiert Humboldt im 13. Kapitel „Natur und Beschaffenheit der Sprache überhaupt“. Er betrachtet, wie der Einzelne und die ihm vorgegebene Sprache sowohl abhängig als auch unabhängig voneinander sind:

> „Die Sprache gehört mir an, weil ich sie so hervorbringe, als ich thue; und da der Grund hiervon zugleich in dem Sprechen und Gesprochenhaben aller Menschengeschlechter liegt, soweit Sprachmittheilung ohne Unterbrechung unter

---

[6] Mit freundlicher Genehmigung des Museum Brot und Kunst, Ulm.

ihnen gewesen seyn mag, so ist es die Sprache selbst, von der ich dabei Einschränkung erfahre."[7]

Humboldt geht davon aus, dass Sprache eine objektive und eine subjektive Seite hat; sie ist *unsere* Sprache, und sie ist *meine* Sprache. Mir ist Deutsch vorgegeben; ich bin in diese Sprache hineingeboren worden. Und zugleich gehe ich mit Deutsch auf meine Art und Weise um; ich gebrauche einen bestimmten Wortschatz, und ich verwende meine individuellen Redewendungen. Damit forme ich an der gemeinsamen Sprache mit – ich als Individuum sicher ganz unbedeutend. Es ist „klar, wie gering eigentlich die Kraft des Einzelnen gegen die Macht der Sprache ist"[8]. Aber bestimmte Gruppen geben der gemeinsamen Sprache ein sich veränderndes Gepräge, allen voran jene, die öffentlich sprechen und schreiben, Journalisten und Politiker, Schriftsteller und Dichter, auch Wissenschaftler und Subkulturen der Gesellschaft. Sie verändern Sprache. Nach dreißig Jahren Leben im Ausland fiel mir eine Reihe von neuen, ungewohnten Worten und Redewendungen im Deutschen auf – ‚Nachhaltigkeit', ‚zeitnah', ‚Echtzeit', ‚zielführend' usw. – und dann natürlich die vielen Begriffe, die mit Computer, Internet und Digitalisierung zu tun haben – von ‚Rechner' und ‚herunterladen' über ‚digital' und ‚analog' bis ‚Streaming' usw. Sprache verändert sich ohne mein Zutun, und sie ist mir vorgegeben in Grammatik und Wortschatz mit den jeweiligen Bedeutungen. Die gegebene Sprache gibt Strukturen vor und setzt Grenzen; ich kann nicht willkürlich mit ihr verfahren. Doch sie ist immer auch *meine* Sprache, so wie ich sie spreche, schreibe und vor allem wie ich in ihr denke und mit ihr lebe. Kurz, „die *Gesetzmäßigkeit* der Sprache und ihrer Formen" *und* die von dem Sprechenden „kommende Rückwirkung" als ein „Prinzip der *Freiheit*" gehören zusammen[9]. Humboldt sagt:

> Es ist „immer die Sprache, in welcher jeder Einzelne am lebendigsten fühlt, dass er nichts als ein Ausfluss des ganzen Menschengeschlechts ist. Weil indess doch jeder einzeln und unaufhörlich auf sie zurückwirkt, bringt demungeachtet jede Generation eine Veränderung in ihr hervor, die sich nur oft der Beobachtung entzieht. Denn die Veränderung liegt nicht immer in den Wörtern und Formen

---

7 Humboldt, Natur und Beschaffenheit der Sprache überhaupt, 438.

8 Ebd.

9 Ebd., 439.

> selbst, sondern bisweilen nur in dem anders modificirten Gebrauche derselben [...] *Erst im Individuum erhält die Sprache ihre letzte Bestimmtheit.* Keiner denkt bei dem Wort gerade und genau das, was der andre, und die noch so kleine Verschiedenheit zittert, wie ein Kreis im Wasser, durch die ganze Sprache fort. Alles Verstehen ist daher immer zugleich ein Nicht-Verstehen, alle Uebereinstimmung in Gedanken und Gefühlen zugleich ein Auseinandergehen."[10]

Das ist ein sehr schönes Bild, um Sprache zu beschreiben: Jede „noch so kleine Verschiedenheit zittert, wie ein Kreis im Wasser, durch die ganze Sprache fort". Deshalb gibt es kein mathematisch absolutes Verstehen; das Verstehen geht Hand in Hand mit dem Nicht-Verstehen. Wenn wir zuvor auf die Schwierigkeit verwiesen haben, das simple Wort ‚Brot' zu übersetzen, dann ging es dabei um *kulturelle* Differenzen; Humboldt setzt eine Lupe an und zeigt uns, dass die Verschiedenheiten der Bedeutungen schon beim Sprachgebrauch des *Einzelnen* einsetzen. Sprache ist *vieldeutig* – aufgrund der Kultur, der sie angehört, aufgrund der Individualität des Sprechenden, und wir können ergänzen, Sprache ist vieldeutig aufgrund des historischen Wandels, dem sie unterliegt. Sie ist ein sich ewig erzeugender Stoff, „wo die Gesetze der Erzeugung bestimmt sind, aber der Umfang und gewissermaßen auch die Art des Erzeugnisses gänzlich unbestimmt bleiben"[11] (Abb. 4). Wie soll dann ein Verstehen möglich sein?

Humboldt ist vor allem an der Sprache interessiert, weniger daran, wie ein Verstehen möglich ist. Dies war ein Anliegen seines Zeitgenossen *Schleiermacher* (1768–1834); ihn interessiert eine „Hermeneutik als Kunst des Verstehens"[12]. Auch für ihn gehören Sprache und Verstehen zusammen; die Kunst zu *reden* und die Kunst zu *verstehen* stehen einander korrespondierend gegenüber. Was verstanden werden muss und verstanden werden kann, ist die „Rede", also das Gesprochene und das Geschriebene. Hermeneutik befasst sich mit dem Verstehen, Rhetorik mit dem Reden. Beide, Hermeneutik und Rhetorik, gehören zusammen. Darum kann Schleiermacher sagen:

> „Die Zusammengehörigkeit der Hermeneutik und Rhetorik besteht darin, daß *jeder Akt des Verstehens die Umkehrung eines Aktes des Redens ist*".[13]

---

10 Ebd., Hervorh. HD; siehe Koller, „Alles Verstehen ist daher ...".

11 Humboldt, Natur und Beschaffenheit der Sprache überhaupt, 435.

12 Schleiermacher, Hermeneutik und Kritik, 75.

13 Ebd., 76, Hervorh. HD.

Abb. 4: Humboldt: Gesetzmäßigkeit und Freiheit der Sprache

Doch diese „Umkehrung“ kann nicht automatisch oder inhaltsleer geschehen. Es muss im Verstehen „in das Bewußtsein kommen […], welches *Denken* der Rede zum Grunde gelegen“[14]. Das heißt, was sprachlich geäußert wird – in der „Rede“, im Geschriebenen –, ist ein Gedachtes. Die „Umkehrung“ besteht darin, dass zum einen in der Rede ein *Gedanke* zur Sprache gebracht wird und dass zum anderen im Verstehen der sprachlichen Äußerung dieser Gedanke *nachvollzogen* wird. Doch das Verstehen ist in der Regel nicht ohne weiteres möglich, weil – wie wir gesehen haben – Sprache nicht eindeutig ist. Es bedarf einer Auslegung, einer Interpretation – was wiederum das Geschäft der Hermeneutik ist.

Wir müssen diesen Zusammenhang von Rede (Sprache), Denken und Verstehen im Auge haben, um die folgenden Überlegungen Schleiermachers nachvollziehen zu können:

> „Wie jede Rede eine zwiefache Beziehung hat, auf die Gesamtheit der Sprache und auf das gesamte Denken ihres Urhebers: so besteht auch alles Verstehen aus den zwei Momenten, die Rede zu verstehen als herausgenommen aus der Sprache, und sie zu verstehen als Tatsache im Denkenden.“[15]

[14] Ebd.

[15] Ebd., 77.

Hier spricht Schleiermacher etwas an, dem wir bereits bei Humboldt begegnet sind: nämlich einer allgemeinen, gemeinsamen Sprache und dem individuellen Gebrauch der Sprache. Jedoch bezieht Schleiermacher dieses Individuelle auf das *Denken* des Sprechenden. Dieses Denken erfordert und formt den individuellen Gebrauch der Sprache. Verstehen der „Rede", das hermeneutische Auslegen, muss demnach die Allgemeinheit der Sprache *und* das individuelle Denken berücksichtigen. Letzteres zeigt sich jedoch nicht nur in einem einmaligen Akt, sondern in dem *gesamten* Denken des Urhebers der Rede, in seinem „Stil" (Abb. 5).

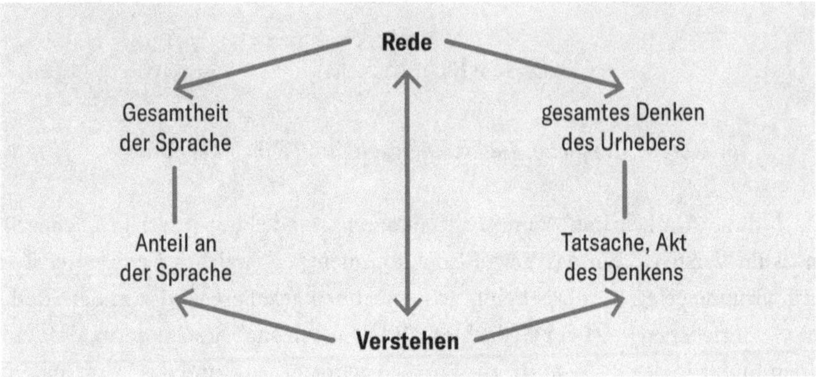

Abb. 5: Schleiermacher: Rede und Verstehen

Mit Bezug auf die allgemeine Sprache und das individuelle Denken fährt Schleiermacher fort:

> „Jede Rede setzt voraus eine gegebene Sprache. Man kann dies zwar auch umkehren, nicht nur für die absolut erste Rede, sondern auch für den ganzen Verlauf, weil die Sprache wird durch das Reden; aber die Mitteilung setzt auf jeden Fall die Gemeinschaftlichkeit der Sprache, also eine gewisse Kenntnis derselben, voraus. Wenn zwischen die unmittelbare Rede und die Mitteilung etwas tritt, also die Kunst der Rede anfängt: so beruht dies teils auf der Besorgnis, es möchte dem Hörenden etwas in unserm Sprachgebrauch fremd sein."[16]

[16] Ebd., 77 f.

Wenn wir sprechen, dann tun wir das auf der Grundlage der Sprache, die wir gelernt haben und die wir gemeinsam haben; wir bedienen uns ihres Sprachschatzes, der grammatikalischen Regeln usw. Dieser Gedanke kann auch umgekehrt werden, weil wir nämlich kreativ an unserer Sprache mitgestalten; indem wir sprechen, gestalten wir Sprache. Dieses Gestalten fordern wir uns ab, weil wir uns verständlich machen wollen; dabei mögen wir uns etwa einer ungewöhnlichen Wortform oder Redewendung bedienen.

> „Jede Rede beruht auf einem früheren Denken. Man kann dieses auch umkehren, aber in bezug auf die Mitteilung bleibt es wahr, denn die Kunst des Verstehens geht nur bei fortgeschrittenem Denken an.“[17]

Was meint Schleiermacher mit dem „früheren Denken“? Ist es das, was ich, das Individuum, schon einmal vorher gedacht habe? Oder ist es ein überliefertes Denken, das wie die Sprache „unser Denken“ ausmacht? Lesen wir den übernächsten Absatz, dort heißt es:

> „Der Einzelne ist in seinem Denken durch die (gemeinsame) Sprache bedingt und kann nur die Gedanken denken, welche in seiner Sprache schon ihre Bezeichnung haben. Ein anderer neuer Gedanke könnte nicht mitgeteilt werden, wenn nicht schon in der Sprache bestehende Beziehungen [Bezeichnungen?] bezogen.“[18]

Das beantwortet unsere Frage. Der Einzelne ist auf die Gedanken angewiesen, die „früher“ gedacht worden sind und zwar in und mit der gemeinsamen Sprache. Diese bewahrt und repräsentiert das früher Gedachte. Der Einzelne kann seinen individuellen Gedanken nur mitteilen, indem er sich auf die vorgegebene Sprache und auf das darin gegebene Gedachte bezieht. Die Umkehrung der obigen Feststellung („Jede Rede beruht auf einem früheren Denken“) bedeutet, dass jedes (individuelle) Denken darauf angewiesen ist, sich in der *Rede* mitteilen zu können. Erst in der Rede äußert sich das Denken. Aber das Verstehen braucht den sprachlichen Zu-

---

17 Ebd., 78.

18 Ebd.

sammenhang, die gemeinsame Sprache und die individuelle Sprache. Darum sagt Schleiermacher:

> „Hiernach ist jeder Mensch auf der einen Seite ein Ort, in welchem sich eine gegebene Sprache auf eine eigentümliche Weise gestaltet, und seine Rede ist nur zu verstehen aus der Totalität der Sprache. Dann aber ist er auch ein sich stetig entwickelnder Geist, und seine Rede ist nur als eine Tatsache[19] von diesem im Zusammenhang mit den übrigen."[20]

Einerseits ist jeder, der spricht oder schreibt, auf die ihm vorgegebene Sprache angewiesen; es ist die Ganzheit dieser einen Sprache mit ihrer Struktur, ihrem Wortschatz und dem in ihr Gedachten. Aber indem er spricht und schreibt, gibt jeder der gemeinsamen Sprache andererseits seine besondere, „eigentümliche" Gestalt; er ist kreativ; seine Rede ist Ausdruck seiner Kreativität. Dabei gestaltet er an der gemeinsamen Sprache zusammen mit Anderen mit:

> „Ebenso ist jede Rede immer nur zu verstehen aus dem *ganzen Leben*, dem sie angehört, d. h., da jede Rede nur als Lebensmoment des Redenden in der Bedingtheit aller seiner Lebensmomente erkennbar ist, und dies nur aus der Gesamtheit seiner Umgebungen, wodurch seine Entwicklung und sein Fortbestehen bestimmt werden, so ist jeder Redende nur verstehbar durch seine Nationalität und sein Zeitalter."[21]

Hier stellt nun Schleiermacher die Rede – das Gesprochene, das Geschriebene – in einen Zusammenhang, der weiter ist als die Sprache, nämlich in den Kontext des „ganzen Lebens", der Nation, des Zeitalters; wir würden heute eher vom gesellschaftlichen, politischen und historischen Kontext sprechen (Abb. 6). Für Dilthey wird der „Lebenszusammenhang" besonders wichtig sein, um das hermeneutische Verstehen zu beschreiben.[22]

---

[19] Ebd. 100, Anmerkung 8 von Manfred Frank: „D. h. als eine Sache der Tat. Gelegentlich bewahrt ‚Tatsache' diesen aktivistischen Sinn in Schleiermachers Text".

[20] Schleiermacher, Hermeneutik und Kritik, 78.

[21] Ebd., Hervorh. HD.

[22] Siehe unten IV.3.

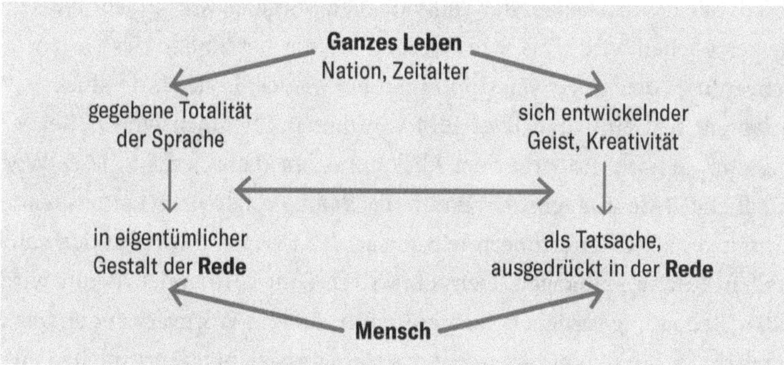

Abb. 6: Schleiermacher: Ganzes Leben – Mensch

Schleiermacher und Dilthey sind an diesen Zusammenhängen interessiert; sie wollen aufzeigen, wie das *Verstehen* geschieht und worauf Hermeneutik darum zu achten hat. Aus der Perspektive der *Sprache* erhalten wir von Wilhelm von Humboldt einen weiteren Hinweis: Jede Sprache repräsentiert eine bestimmte *„Weltansicht"*. Wenn wir diesen Gedanken zugrunde legen, dann hat alles Verstehen die jeweilige „Weltansicht" zu berücksichtigen. Eine „Weltansicht" ist sprachlich vermittelt; Sprache steht für die ihr eigentümliche Sicht der Welt. Worte und sprachlich formulierte Gedanken haben eine unterschiedliche Bedeutung, wenn sie beispielsweise für eine ökonomisch-materialistische Interpretation des Lebens stehen oder für eine offene, von Humanität geleitete oder für eine religiös-magische; besonders deutlich wird die Bedeutung der Weltansicht für Sprachen, die aus einer uns fremden Kultur stammen. Humboldt analysiert dieses Phänomen des Zusammenhangs von Sprache und „Weltansicht" folgendermaßen:

> „In die Bildung und in den Gebrauch der Sprache geht aber nothwendig die ganze Art der subjectiven Wahrnehmung der Gegenstände über. Denn das Wort entsteht eben aus dieser Wahrnehmung, ist nicht ein Abdruck des Gegenstandes an sich, sondern des von diesem in der Seele erzeugten Bildes. Da aller objectiven Wahrnehmung unvermeidlich Subjectivität beigemischt ist, so kann man, schon unabhängig von der Sprache, jede menschliche Individualität als einen eignen Standpunkt der Weltansicht betrachten."[23]

[23] Humboldt, Natur und Beschaffenheit der Sprache überhaupt, 433 f.

Humboldt blickt zunächst auf den individuellen Vorgang, wie Sprache entsteht und wie sie gesprochen wird. Das Wort ist kein identisches Abbild des Gegenstandes, vielmehr gibt es den Gegenstand interpretiert wieder; in der individuellen Wahrnehmung entsteht ein subjektives Bild von diesem. Nehmen wir als Beispiel das Wort ‚Baum'. Je nach individuellem Blick auf einen Baum, erhält dieses Wort unterschiedliche Bedeutungen: der Baum als Baumaterial, als Schattenspender, als dichterisches Bild. Oder erinnern wir uns an das Beispiel ‚Brot' mit den zahllosen kulturellen Zusammenhängen. Dem objektiven Ding ‚Brot' oder ‚Baum' wird eine subjektive Bedeutung verliehen. So wie der Einzelne ein Wort verwendet, was er mit diesem verbindet und in es hineinlegt, trägt er zur sprachlich vermittelten „Weltansicht" bei. Doch Humboldt verallgemeinert diese Rolle der Sprache:

> Die Weltansicht „wird aber noch viel mehr dazu durch die Sprache, da das Wort sich der Seele gegenüber auch wieder [...] mit einem Zusatz von Selbstbedeutung zum Object macht und eine neue Eigenthümlichkeit hinzubringt. In dieser, als der eines Sprachlauts, herrscht nothwendig in derselben Sprache eine durchgehende Analogie; und da auch auf die Sprache in derselben Nation eine gleichartige Subjectivität einwirkt, so liegt in jeder Sprache eine eigenthümliche Weltansicht."[24]

Was zunächst als subjektive Willkür verstanden werden könnte, dass nämlich jeder seine eigene Welt erzeugt und mit ihr seine ihm eigene Sprache, geschieht so in Wahrheit nicht. Denn die „subjektive Beimischung" zur Bedeutung eines Wortes ist Tat einer Sprachgemeinschaft. Die „Eigentümlichkeit", die dem Wort verliehen wird, basiert auf einer „durchgehenden Analogie". Das heißt, das geschieht gewissermaßen aufgrund einer Übereinkunft derer, die dieselbe Sprache sprechen. Sie haben dasselbe Verständnis von der Sache: „auf die Sprache in derselben Nation [wirkt] eine gleichartige Subjectivität" ein. „Der Mensch lebt mit den Gegenständen hauptsächlich [...] so, wie die Sprache sie ihm zuführt", „ja, da Empfinden und Handlen in ihm von seinen Vorstellungen abhängen, sogar ausschliesslich so"[25].

Kurz: Die Welt ist uns sprachlich vermittelt. Die „Weltansicht", also die Weise, wie wir die uns umgebende Welt wahrnehmen, wird ermöglicht durch die Sprache und in der Sprache. Aber unsere Sprache, die uns Welt vermittelt, ist keine abstrakte

---

24 Ebd., 434.

25 Ebd.

Größe mit einem fixen Bestand, der uns unverrückbar vorgegeben wäre; vielmehr wirkt „auf die Sprache in derselben Nation eine gleichartige Subjektivität" ein. Die Sprachgemeinschaft gestaltet ihre Sprache in einem fortwährenden Prozess. Dabei ist maßgeblich, wie diese Sprachgemeinschaft ihre Welt interpretiert. Das bedeutet, die „Weltansicht" hat ein Janusgesicht oder, in einem anderen Bild, sie hat wie eine Münze zwei Seiten: Sprache vermittelt eine Sicht von der Welt; *und* die gemeinschaftliche Sicht von der Welt gestaltet unsere Sprache.

Hermeneutik hat ihren Ausgang bei der *Sprache*. Vergegenwärtigen wir uns noch einmal den voranstehenden Gedankengang. Auf Sprachliches verweist bereits Vorsprachliches, nämlich jenes, was Menschen herstellen. Auch dieses wollen wir *verstehen*: seinen Zweck, seinen Sinn, seine Botschaft. Dabei kann es sich um etwas Historisches handeln, aber auch um etwas aus unserer unmittelbaren Gegenwart. Sobald wir *verstehen* wollen, stellen wir eine *Frage*. Mit dieser Frage bewegen wir uns in der *Sprache*.

Das schlichte Beispiel der Übersetzung des Wortes ‚Brot' in eine andere Sprache zeigte uns, dass es mit dem Austausch von Wörtern nicht getan ist; dass wir vielmehr neben dem Gegenstand und Begriff ‚Brot' auch gesellschaftliche und kulturelle Zusammenhänge beachten müssen, um zu verstehen, nämlich zu verstehen, was ‚Brot' in der jeweiligen Sprache *bedeutet*.

Humboldt macht darauf aufmerksam, dass mir zum einen eine Sprache *vorgegeben* ist, die mich einschränkt, indem ich sie gebrauche, und dass sie zum anderen zugleich *meine* Sprache ist, die ich meinem Gebrauch unterwerfe. Die *Gesetzmäßigkeit* der gemeinsamen Sprache und die *Freiheit* ihres individuellen Gebrauchs gehören zusammen.

Jeder beteiligt sich an der fortwährenden *Veränderung* unserer Sprache. Darum kann Humboldt sagen: „Erst im Individuum erhält die Sprache ihre letzte Bestimmung". Dadurch wird das Verstehen des sprachlich Geäußerten *vieldeutig*. Vieldeutigkeit erfährt Sprache auch aufgrund ihres historischen Wandels und aufgrund ihrer Zugehörigkeit zu einer jeweiligen Kultur.

Schleiermacher verweist auf den Zusammenhang von Rhetorik und Hermeneutik. Rhetorik befasst sich mit der Gesetzmäßigkeit der sprachlichen Äußerungen, Hermeneutik mit dem Verstehen, dem Auslegen des Sprachlichen: „Jeder Akt des Verstehens [ist] eine *Umkehrung* eines Aktes der Rede". Das Verbindende von beiden ist der *Gedanke*, der zur Sprache kommt und der verstehend nachvollzogen wird.

Deshalb muss das Verstehen Zweierlei beachten: die Gesamtheit der Sprache, ihre Struktur, ihre Gesetzmäßigkeit, *und* ihre Realisierung durch den Sprechenden, indem dieser denkend spricht; Verstehen muss die Allgemeinheit der Sprache berücksichtigen *und* das individuelle Denken, das sich sprachlich äußert.

Das Verstehen einer „Rede" setzt also eine *gegebene* Sprache voraus; aber zugleich muss es gewahr sein, dass die „Rede" ein *kreativer* Akt ist. Verstehen muss sich einerseits an der Gesetzmäßigkeit und „Totalität" der Sprache sowie an dem in ihr Gedachten orientieren; und es muss andererseits erkennen, was im *konkreten* Akt des Redens und Schreibens geschieht, was also der Autor im Medium der gegebenen Sprache gedacht hat und hat sagen wollen.

Diese Seite des konkreten Autors stellt nun Schleiermacher in einen größeren Zusammenhang, nämlich in den des „ganzen Lebens", zu dem die Nation und das Zeitalter gehören. Einen ähnlichen Gedanken finden wir bei Humboldt. Seine These lautet, dass durch die Sprache eine *„Weltansicht"* repräsentiert wird – eine Wahrnehmung und Interpretation der Welt, in der der Einzelne sowie die Sprachgemeinschaft – die „Nation" – leben.

Die vorgestellten Aspekte von *Sprache* – ihre allgemeine Gesetzmäßigkeit und ihre individuelle Gestaltung – sowie das *Verstehen* von Sprachlichem sind die Grundlagen für eine Hermeneutik. Sie hat es zu tun mit dem „Aussagen" und mit dem „Auslegen"; Hermeneutik ist die „Kunst des Auslegens". Entscheidend sind die Einsicht und die Ausgangslage, dass Hermeneutik die Auslegung von *Sprache* als Aufgabe hat. Was dies im Einzelnen bedeutet, soll später entfaltet werden. Zunächst bedarf es eines Blicks auf den wissenschaftstheoretischen Ort der Hermeneutik.

3. Geisteswissenschaften und Naturwissenschaften

Wir sind dabei, einen Zugang zum Verständnis von *Hermeneutik* zu finden. Zunächst sahen wir, dass wir es mit Menschlichem, mit von Menschen Hergestelltem, zu tun haben, wenn wir etwas verstehen wollen und interpretieren müssen. Das zeigt sich insbesondere an der *Sprache,* an dem, was uns sprachlich gegeben ist. Selbst ein Gegenstand, der ‚stumm' zu sein scheint, veranlasst uns zu *fragen,* welchen Zweck er hat, was er bedeutet, wem er gehört usw. Indem wir dies fragen, übersetzen wir gewissermaßen den Gegenstand *in* Sprache; wir erwarten eine Antwort von ihm und durch ihn. Umso eindeutiger haben wir es natürlich mit der

Sprache selbst zu tun, wo also gesprochen und geschrieben wird, wo Gegenstände, Zustände und Gedanken sprachlich vergegenwärtigt werden. Die Sprache, die von einer *Sache* spricht, verstehen wir oft unmittelbar – oder wir müssen uns *bemühen* zu verstehen, was gesagt ist. Diesen Verstehensvorgang aufzuklären, gehört zum Geschäft der Hermeneutik.

Bevor wir auf Einzelheiten eingehen, womit sich Hermeneutik beschäftigt, sollten wir uns über den *wissenschaftlichen Kontext* im Klaren sein, in dem Hermeneutik von Bedeutung ist.

Hierzu wollen wir im Folgenden zunächst auf eine grobe Unterscheidung zwischen Natur- und Geisteswissenschaften eingehen. Das soll zeigen, in welchem wissenschaftlichen Kontext es überhaupt Sinn macht, hermeneutisch zu fragen und zu argumentieren. Zugegebenermaßen ist der Begriff ‚*Geistes*wissenschaften' problematisch; das liegt am ‚Geist'-Begriff selbst[26], aber auch an der Geschichte der ‚Geisteswissenschaften'; beispielsweise führt Diemer allein neun Bedeutungsfelder für sie an[27]. Der übliche Sprachgebrauch setzt sich über diese Schwierigkeit hinweg und verwendet „Geisteswissenschaften" als einheitlichen Begriff. Auch wenn deshalb eine strenge begriffliche Bestimmung schwierig sein kann, können doch *Kriterien* angeführt werden, durch die Natur- und Geisteswissenschaften sich unterscheiden.

Der Gegenstand der Naturwissenschaft ist die Natur in ihren vielfältigen Erscheinungsformen. Wissenschaftlich geht es um Daten, Prozesse, Reaktionen, Zusammenhänge, die sich im Bereich des Organischen und Anorganischen feststellen lassen. Diese Zusammenhänge sind dadurch gekennzeichnet, dass sie *kausal* sind, dass also bestimmte Ursachen eindeutige Wirkungen zur Folge haben, dass somit eine Vorhersehbarkeit möglich und – ganz entscheidend – dass eine *Allgemeingültigkeit* gegeben ist.

Die Geisteswissenschaften befassen sich ausdrücklich mit Bereichen, die vom Handeln des *Menschen* bestimmt werden, vom Verhalten von Individuen und von Gesellschaften. Hierbei kommt etwas ins Spiel, das kausale Reaktionen und Zusammenhänge ‚stört'. Das hat vielerlei Namen: ‚Geist', ‚Freiheit', ‚Sinn', ‚Bedeutung', ‚Menschliches'. Bedingt hierdurch und durch Entscheidungen und Wertungen sind menschliches Verhalten und Handeln nicht mehr eindeutig vorhersehbar. Mit anderen Worten geht es nicht um kausale, sondern um *Sinn*zusammenhänge, weil

[26] Hist. Wb. Philos. 3, Sp. 154–206 (mehrere Autoren).

[27] Diemer, Geisteswissenschaften, Sp. 213.

individuelle und gesellschaftliche Sinngebungen menschliches Handeln mitbestimmen. Damit hängt zusammen, dass sich menschliches Handeln nicht quantitativ erklären lässt – aufgrund von Reiz-Reaktion und Ursache-Wirkung –, sondern dass Qualitatives berücksichtigt werden muss: Werte, Bedeutungen, Sinngebungen.

Das hat nun zur Folge, dass naturwissenschaftliche Allgemeingültigkeit von den Geisteswissenschaften nicht mehr beansprucht werden kann. Denn die genannten Kriterien bedeuten, dass auch Einmaliges, Individuelles zur Geltung kommt. Wer naturwissenschaftliche Allgemeingültigkeit als unerlässliches Kriterium für Wissenschaftlichkeit fordert, muss schon aus diesem Grund Geisteswissenschaften aus dem Kreis der Wissenschaften ausschließen. Bollnow fordert hingegen für die Geisteswissenschaften als Wissenschaftskriterium *Objektivität* im Gegensatz zu Allgemeingültigkeit und Willkür; darauf kommen wir noch zurück.

Die Welt, die die Naturwissenschaften zum Gegenstand haben, ist eine quantifizierbare Welt, eine Welt der ‚hard facts'. Diese werden empirisch, das heißt durch Messen, Zählen, Wiegen und mathematische Berechnungen erhoben; es geht um ein exaktes Vorgehen. Dagegen ist die Welt der Geisteswissenschaften eine *interpretierte* Welt; sie ist ein „Bedeutungsgeflecht“ (Geertz). Sie ist als solches das Ergebnis sowie der permanente Prozess von *Geschichte*. „Die geschichtliche Welt ist immer da, und das Individuum betrachtet sie nicht nur von außen, sondern es ist in sie verwebt […] Wir sind zuerst geschichtliche Wesen, ehe wir Betrachter der Geschichte sind, und nur weil wir jene sind, werden wir zu diesen“.[28] Als geschichtliche Wesen schreiben wir der Wirklichkeit individuelle und kulturelle Bedeutungen zu; diese Wirklichkeit ist Ausdruck und Ergebnis von Wertungen, Interpretationen, Einstellungen, Weltanschauungen, nicht zuletzt von Religionen. In dieser Wirklichkeit haben Sinnhaftes, Schönheit und Moral einen Platz; diese Wirklichkeit wird beschrieben, nicht vermessen, und sie wird nicht erklärt, sondern verstehend erfasst: Etwas wird *als* etwas wahrgenommen und verstanden. Wissenschaften, die sich hiermit auseinandersetzen, sind „am Sinn orientierende Wissenschaften“[29].

Da die Naturwissenschaften Kausal-Gesetze und allgemeingültige Gesetzmäßigkeiten feststellen, können sie Vorgänge in der Natur beweisen und erklären, und sie ermöglichen die Beherrschung der Natur und dadurch eine technische Anwendung. Die Geisteswissenschaften können dagegen ‚nur' beschreiben und hinweisen,

---

[28] Dilthey, Der Aufbau der geschichtlichen Welt, 277 f.

[29] Diemer, Geisteswissenschaften, Sp. 213.

aufzeigen und Zusammenhänge erstellen. Damit bieten sie allerdings eine *existentielle Orientierung*. Die *Formelsprache* und die Statistiken der Naturwissenschaften, die sich an der Mathematik orientieren, erlauben nur Fakten, Daten, Zahlen, Symbole und deren Relationen. Die *Sprache* hingegen, die sich alltäglich, literarisch und (geistes)wissenschaftlich vielfältig in Rede und Schrift äußert, ermöglicht das Erfassen und Aussagen von Sinn und Bedeutung, von Welt-Interpretationen; diese gehören nicht weniger zur Welt des Menschen wie die empirisch erfassbare Welt. Dabei hat der Erkennende *Anteil* am Erkenntnisvorgang im Sinne von „wesensmäßiger Subjektivität" (Bollnow) – konträr zu dem, was naturwissenschaftlich akzeptabel ist. Denn gemäß diesem kann Erkenntnis nur unabhängig vom Erkennenden geschehen; Erkenntnisse und Gesetze müssen zu jeder Zeit, an jedem Ort, unabhängig vom Subjekt gelten und nachvollzogen werden können, um allgemeingültig zu sein. Wenn aber etwa hermeneutische Auslegung nach Schleiermacher als „Kunst" verstanden werden soll, als „Sprachtalent" und als „Talent der einzelnen Menschenkenntnis", dann verwundert es nicht, dass naturwissenschaftliches Verständnis der Hermeneutik Wissenschaftlichkeit abstreitet.[30] Der Gegensatz, der sich hier zeigt, wird von Dilthey folgendermaßen beschrieben:

> „Keine reale Kategorie kann so, wie sie in der Naturwissenschaft gilt, für die Geisteswissenschaften Geltung beanspruchen. Wird das in ihr abstrakt ausgedrückte Verfahren auf die Geisteswissenschaften übertragen, so entstehen jene Grenzüberschreitungen des naturwissenschaftlichen Denkens, welche genau ebenso verwerflich sind als innerhalb der Naturwissenschaft das Hineintragen des geistigen Zusammenhanges in die Natur".[31]

Was bedeutet nun diese Skizze von Kriterien der Naturwissenschaften einerseits und der Geisteswissenschaften andererseits für die Stellung der *Hermeneutik?* Sie ist die *philosophische Frage* nach der Möglichkeit von Verstehen. Können die Fakten und die Messergebnisse im Bereich der Naturwissenschaften ‚verstanden' werden? Am beobachteten oder gemessenen Faktum – beispielsweise der Distanz zwischen Erde und Mond – gibt es wohl nichts zu ‚verstehen'; es muss zur Kenntnis genommen werden; die Relation zu anderen Fakten, formuliert als Gesetz – etwa als Gra-

---

[30] Siehe unten IV.2.

[31] Dilthey, Der Aufbau der geschichtlichen Welt, 197.

vitationsgesetz –, kann zwar gedanklich *nachvollzogen* werden. Das aber kann nicht als ein ‚Verstehen' bezeichnet werden, wenn Verstehen bedeutet, etwas *als* etwas zu erkennen, etwas in seiner *Bedeutung* und seinem *Sinn* zu erfassen. Das entspricht nicht dem Charakter und dem Zweck von Naturgesetzen. Hermeneutik kann darum im Bereich der Naturwissenschaften wohl keine Rolle spielen – so unerlässlich sie im Rahmen der Geisteswissenschaften ist.[32]

Fassen wir die *Kriterien* der beiden Wissenschaftstypen noch einmal in einer Übersicht zusammen (Abb. 7). Der Einfachheit halber haben wir lediglich zwischen Natur- und Geisteswissenschaften unterschieden und dies in einer Schwarz-Weiß-Darstellung. Die Entwicklung der Naturwissenschaften, insbesondere der Physik, ergibt ein wesentlich komplexeres Bild. Zum Zweck einer Einordnung der Hermeneutik sei jedoch ein vereinfachtes Vorgehen erlaubt. Eine weitere bedeutende Rolle spielen auch die *Sozialwissenschaften*. Inwieweit Hermeneutik für sie bedeutsam ist, hat mit wissenschaftstheoretischen Entscheidungen zu tun, denen sich ein Forscher anschließt. Soll ihr Gegenstandsbereich strikt *empirisch* untersucht werden, oder soll auf die Notwendigkeit des *Verstehens* Rücksicht genommen werden? Als Beispiele sei lediglich auf die Soziologie und die Pädagogik hingewiesen. Bei Max Weber und in seiner Nachfolge wird ausdrücklich von „*verstehender* Soziologie" gesprochen im Gegensatz zu einer empirisch forschenden; in Auseinandersetzung mit der „geisteswissenschaftlichen", sinnorientierten Pädagogik hat sich eine empirisch orientierte Erziehungswissenschaft etabliert. Beide Sichtweisen und Forschungsrichtungen erfahren ihre Begründung durch das Bild vom Menschen: Ist der Mensch, ist sein Handeln als das eines reinen Naturwesens erklärbar? Oder müssen nicht Phänomene wie freie Entscheidungen, Sinn und Bedeutung, Werte und Qualität unbedingt in Betracht gezogen werden, wo es um menschliche Handlungen und Produkte geht?

Naturwissenschaften	**Geisteswissenschaften**
Gegenstand: anorganische, organische Natur	Menschliches, menschliche Produkte

[32] Siehe zum Beispiel König, Naturwissenschaften; Diemer: Geisteswissenschaften; Vedder, Was ist Hermeneutik, 27–30; Jung, Hermeneutik zur Einführung, 13–20; Danner, Methoden, 21–27; Gadamer, Wahrheit und Methode II, 184–198.

Prozesse, Zusammenhänge, Reaktionen in der Natur	Verhalten von Individuen und Gesellschaft
Quantitäten	Qualitäten
quantifizierte Welt, Fakten, „hard facts", Data	interpretierte Welt
kausale Zusammenhänge: Ursache-Wirkung	sinnhafte Zusammenhänge: Freiheit, Sinngebung
Vorhersehbarkeit	Geschichtlichkeit
Bedingung: Allgemeingültigkeit	Objektivität (Bollnow) Individualität, Einmaligkeit
Wertfreiheit	Zuschreibung von Werten, Qualität, Sinnhaftem, Bedeutungen, Perspektiven
Empirie, exaktes Vorgehen	Interpretation, strenges Vorgehen: Hermeneutik
messen, zählen, wiegen	beschreiben
erklären	etwas *als* etwas verstehen
Feststellen von Kausal-Gesetzen	Herstellen von Sinnzusammenhängen
Beweise von Gesetzmäßigkeiten	Hinweise auf Freiheit, Ganzheit, Sinngebung
(mathematische) Formelsprache, wissenschaftliche Sprache, die nur Fakten erlaubt	Normal-Sprache (Rede, Schrift), literarische Sprache, die ‚Sinn', Bedeutung, Interpretation der faktischen Welt erlaubt: „Weltansicht" (Humboldt)
empirische Wissenschaften	sinnorientierte Wissenschaften
Voraussetzungslosigkeit, Erkenntnis, losgelöst vom Erkennenden: Erkenntnisse, Gesetze, die zu jeder Zeit, an jedem Ort, unabhängig vom Subjekt gelten und nachvollzogen werden können	Voraussetzungen des Erkennenden im Erkenntnisvorgang: „wesensmäßige Subjektivität" (Bollnow)

Abb. 7: Kriterien der Natur- und Geisteswissenschaften

Im Folgenden werfen wir einen Blick auf Aussagen von drei Vertretern, die sich mit dem Verhältnis von Natur- und Geisteswissenschaften und mit der Hermeneutik auseinandergesetzt haben, nämlich auf einige Textstellen von Dilthey, Bollnow und Gadamer. Im Laufe des 19. Jahrhunderts wuchs der Anspruch der Naturwissenschaften, Wissenschaftlichkeit im eigentlichen und richtigen Sinn zu vertreten. Geisteswissenschaften waren demnach ‚unwissenschaftlich'. *Wilhelm Dilthey* (1833–1911) sah sich veranlasst, die Wissenschaftlichkeit der Geisteswissenschaften nachzuweisen, wodurch ein eigener Wissenschaftscharakter begründet wird. Dilthey sieht den Menschen in der Zwischenstellung zwischen Natur und dem eigentümlich Menschlichen, das er mit „Leben" und „Erleben" benennt. Unter der Überschrift „Abgrenzung der Geisteswissenschaften" sagt Dilthey zum Beispiel:

> „Der Mensch findet sich bestimmt von der Natur. Diese umfaßt die spärlichen, hier und da auftretenden psychischen Vorgänge. So angesehen erscheinen sie wie Interpolationen in dem großen Texte der physischen Welt. […] Wir bemächtigen uns dieser physischen Welt durch das Studium ihrer Gesetze. […] Aber derselbe Mensch wendet sich dann von [der Natur] rückwärts zum Leben, zu sich selbst. Dieser Rückgang des Menschen in das Erlebnis, durch welches für ihn erst die Natur da ist, in das Leben, in dem allein Bedeutung, Wert und Zweck auftritt, ist die andere große Tendenz, welche die wissenschaftliche Arbeit bestimmt. Ein zweites Zentrum entsteht."[33]

Dilthey stellt hier Natur- und Geisteswissenschaften einander gegenüber, auch wenn er sie nicht ausdrücklich nennt. Der Mensch sei ein Wesen der Natur, selbst die psychischen Vorgänge könnten unter dieser Perspektive aufgefasst werden. Wenn wir die Natur, die „physische Welt", auf ihre Gesetzmäßigkeiten hin untersuchen, dann müssen wir uns daraus zurückziehen, müssen unser Erleben der Natur vernachlässigen. Die physische Welt muss abstrakt erfasst werden im Hinblick auf die Beziehungen von Raum, Zeit, Masse und Bewegung. Das Subjektive hat in der Naturerfassung – in der Naturwissenschaft – keinen Platz. Damit bestätigt Dilthey den Charakter der Naturwissenschaften. Doch dann gibt es eben auch den Menschen, der diese Natur *erlebt;* und im menschlichen Leben haben „Bedeutung, Wert und Zweck" ihren Ort. Dadurch ergibt sich die Aufgabe einer andersgearteten „wis-

[33] Dilthey, Der Aufbau der geschichtlichen Welt, 82 f.

senschaftlichen Arbeit" – nämlich der geisteswissenschaftlichen. Ihren Gegenstand und ihre Aufgabe skizziert Dilthey so:

> „Alles, was der Menschheit begegnet,
> was sie erschafft und was sie handelt,
> die Zwecksysteme, in denen sie sich auslebt,
> die äußeren Organisationen der Gesellschaft,
> zu denen die Einzelmenschen in ihr sich zusammenfassen –
> all das erhält nun hier eine Einheit."[34]

Die Geisteswissenschaften bieten hierfür einen spezifischen Zugang, nämlich das *Verstehen*. Dieses bedeutet, dass sich in dem, was sinnlich gegeben ist, etwas „auswirkt und ausdrückt". Am „Äußeren" zeigt sich im Verstehen ein „Inneres".

Damit wird nun auch deutlich, weshalb wir auf Diltheys Diskussion von Natur- und Geisteswissenschaften eingegangen sind. Seine Charakterisierung der Geisteswissenschaften verweist uns nämlich auf die *Hermeneutik*, bei der es um das Verstehen geht. Das „Äußere" und „Innere" „bezeichnen die Beziehung, welche im Verstehen zwischen der äußeren Sinnenerscheinung des Lebens und dem, was sie hervorbrachte, was in ihr sich äußert, besteht".[35] Auf Diltheys Verständnis von Hermeneutik werden wir noch näher eingehen.[36]

Otto F. Bollnow (1903–1991) steht in der Nachfolge von Dilthey, auch wenn sich bei ihm dessen lebensphilosophischer Ansatz zu einer existenzphilosophischen Orientierung wandelt. Auch Bollnow geht es um eine Begründung und wissenschaftliche Rechtfertigung der Geisteswissenschaften in Unterscheidung zu den Naturwissenschaften. Er führt neben dem naturwissenschaftlichen Kriterium der Allgemeingültigkeit das der *Objektivität* ein:

> „Wir verstehen unter Allgemeingültigkeit einer Erkenntnis ihre Unabhängigkeit von den Besonderheiten des erkennenden Menschen, d. h. ihre Zugänglichkeit und Verbindlichkeit für jedes erkennende Wesen. [...]

[34] Ebd., 83.

[35] Ebd., auch 79–88, 119 f.

[36] Siehe unten IV.3.

> Unter Objektivität dagegen verstehen wir die Wahrheit im Sinn der *Angemessenheit einer Erkenntnis an ihren Gegenstand.*“[37]

Damit meint Bollnow einen positiven Sinn von ‚Objektivität‘; an anderer Stelle bezeichnet er sie als „die Gerechtigkeit gegenüber dem Gegenstand“. Er grenzt diese Bedeutung ab von einer negativen, die „die Ausschaltung jeder inneren Beteiligung des erkennenden Subjekts“ meint[38].

Aus der Feder von Bollnow erhalten wir noch einmal eine Charakterisierung der Naturwissenschaften: Ihre Erkenntnis ist unabhängig vom erkennenden Subjekt; Mathematik ist ihre einfache Sprache. Geisteswissenschaften müssen im Gegensatz zu einer Allgemeingültigkeit auf *Objektivität* bestehen. Diese zeigt sich darin, dass eine Erkenntnis ihrem Gegenstand *angemessen* ist, ihm gerecht wird. Die Wahrheit werde nur im *Gespräch* mit einem andern erfahren[39]. Damit anerkennt Bollnow die *dialogische* Struktur, die für geisteswissenschaftliche Erkenntnis von Bedeutung ist, insbesondere auch für die *Hermeneutik.*[40]

Wenn nun für die Geisteswissenschaften keine Allgemeingültigkeit im Sinne der Naturwissenschaften in Anspruch genommen werden kann, sondern Objektivität, wie soll diese gewährleistet werden? Ein entscheidender Aspekt hierfür ist der *Widerstand der Sache.* Wenn wir dies beispielsweise auf das Textverständnis beziehen, dann heißt dies, dass nicht jeder aus einem Text nach seinem Belieben herauslesen darf. Vielmehr muss jeder hartnäckig fragen, was denn der *Text* sagt, was der *Autor* hat sagen wollen.

Bollnow geht es um „die Wiedergewinnung einer Sicherheit in der geisteswissenschaftlichen Forschung“:

> Da „ist es nötig, daß die Möglichkeit einer nicht allgemeingültigen, letztlich einer auf einen Einzelnen beschränkten Wahrheit grundsätzlich anerkannt wird. Dieser Verzicht auf Allgemeingültigkeit darf aber nicht als eine Aufhebung des Unterschieds zwischen objektiver Wahrheit und subjektiver Willkür

---

[37] Bollnow, Studien zur Hermeneutik, 21 f., Hervorh. HD.

[38] Ebd., 29.

[39] Ebd., 23, Anm. 10.

[40] Siehe Danner, Die dialogische Struktur der Hermeneutik.

> verstanden werden [...] Die Wahrheit erwächst vielmehr erst im Umgang mit den Dingen selbst."[41]

Erst in der Auseinandersetzung mit der *Sache* ergibt sich die Erkenntnis. Die Sache leistet unserer Willkür *Widerstand.* Die Objektivität der Erkenntnis bewährt sich daran, „daß sie auf den Widerstand der Sache selbst stößt, dem sie standhält und der umgekehrt ihr Halt gibt".[42] Jede Form der Gewissheit einer Erkenntnis ist auf eine Form der Widerstandserfahrung gegründet, „und diese übernimmt jetzt die Leistung, die bisher die Forderung der Allgemeingültigkeit erfüllen sollte: die Objektivität der Erkenntnis gegenüber bloß subjektiver Willkür zu sichern".[43]

Bollnow zeigt nun, dass Subjektivität sich in verschiedenen Weisen zeigen, ja auch als notwendig erweisen kann: erstens „als inneres persönliches Beteiligtsein, als Interessiertheit des Menschen am Gehalt der zu erkennenden Wahrheit"; zweitens als bestimmte Vorbedingungen, besondere Fähigkeiten oder Erfahrungen auf Seiten des Subjekts; und drittens als das erkennende, einmalige Subjekt, das konstitutiver Bestandteil der Erkenntnis ist.[44] Dies nennt er „wesensmäßige Subjektivität".

Bollnow unterscheidet noch einen weiteren Sinn von ‚Subjektivität', der aber nicht dem Anspruch einer wissenschaftlichen Strenge genügt, und

> „das ist die Subjektivität im Sinne schrankenloser Beliebigkeit und bloßer Befangenheit in sich selbst und Abhängigkeit von persönlichen Zufälligkeiten aller Art, eine Subjektivität, die gar nicht zur echten Berührung mit der Sache selbst vordringt. Wir unterscheiden zwischen den erstgenannten Formen und dieser letzten als zwischen wesensmäßiger und zufälliger Subjektivität. Während die erste notwendig zum Wesen der Erkenntnis gehört, weil es diese allererst ermöglichen hilft, ist die zufällige Subjektivität nur eine Trübung der echten Beziehung und ist vermeidbar."[45]

---

41 Bollnow, Studien zur Hermeneutik, 24.

42 Ebd., 28.

43 Ebd., 27.

44 Ebd., 29–31.

45 Ebd., 31. – Siehe auch Danner, Methoden, 51–60: „Die Verbindlichkeit des Verstehens".

Die Unterscheidung, die Bollnow trifft, nämlich zwischen „wesensmäßiger und vermeidbarer Subjektivität“, ist grundlegend für sein Verständnis von Geisteswissenschaften. Natürlich bleibt aus der Sicht empirischer Wissenschaft die Provokation durch eine „wesensmäßige Subjektivität“ bestehen (Abb. 8). Kann diese in ihrer Notwendigkeit noch deutlicher nachgewiesen werden? Was hat es außerdem mit dem „Widerstand der Sache“ auf sich? Wie zeigt sich dieser? Und was meint Bollnow mit der „innersten Tiefe des Subjekts“? Etwa ein genialisches Sichhineinversetzen? Solche Fragen sollten eine Antwort finden, wenn wir näher auf *hermeneutische* Gedankengänge i. e. S. eingehen werden.

Subjektivität	⟷	**OBJEKTIVITÄT**	⟷	**Allgemeingültigkeit**
vermeidbare: Meinung aufgrund von Willkür und Beliebigkeit, Befangenheit		*wesensmäßige*, notwendige Subjektivität: Ideal der Geisteswissenschaften, Angemessenheit einer Erkenntnis an ihren Gegenstand, durch Widerstand der Sache		Ideal der Naturwissenschaften: jedem jederzeit an jedem Ort zugängliche Erkenntnis

Abb. 8: Objektivität nach Bollnow

Hans-Georg Gadamer (1900–2002) fasst am Ende eines langen Hermeneutik-Artikels die Bedeutung der Hermeneutik zusammen[46]. Das bringt unsere Überlegungen zu Zugängen zur Hermeneutik zurück an ihren Anfang. Gadamer betont, dass Sprache eine Zentralstellung in der Hermeneutik einnimmt. „Denn Sprache ist nicht nur ein Medium unter anderen […], sondern steht in besonderer Beziehung zur potentiellen Gemeinsamkeit der Vernunft, die sich kommunikativ aktualisiert“. Gadamer setzt sich hier von einem Verständnis von Sprache ab, wonach sie ein Instrument der Kommunikation ist. Die „Gemeinsamkeit der Vernunft, die sich

[46] Gadamer, Hermeneutik, Sp. 1071 (hier auch für die folgenden Zitate).

kommunikativ aktualisiert", verweist auf das *Gespräch*, durch das *Verstehen* ermöglicht wird.

Gadamer erweitert die Bedeutung der Hermeneutik über das Textverstehen hinaus. Denn „nicht nur in Rede und Schrift, sondern in alle menschlichen Schöpfungen [ist] ‚Sinn' eingegangen, den herauszulesen eine hermeneutische Aufgabe ist. Nicht nur die Sprache der Kunst etwa stellt legitime Verständnisansprüche, sondern jegliche Form menschlicher Kulturschöpfung überhaupt". *Verstehen ist also Sinnverstehen.* Sinn dokumentiert sich in allen „menschlichen Kulturschöpfungen", macht also das entscheidende Kriterium alles Menschlichen aus. Darum spricht uns eine Steinpyramide in einer wilden Landschaft in eigentümlicher Weise an; es muss sich also nicht immer um „Kulturschöpfungen" in einem abgehobenen Sinne handeln.

„Alle Welterkenntnis des Menschen ist sprachlich vermittelt. Eine erste Weltorientierung vollendet sich im Sprechenlernen". Damit unterstreicht Gadamer noch einmal die zentrale Stellung der Sprache und gesteht ihr die Rolle der „Weltorientierung" zu; Humboldt sprach von „Weltansicht", die uns mit unserer Sprache gegeben wird.

Dies geschieht nicht nur über Dokumente. Sondern die Welt, die uns sprachlich vermittelt – „übergeben" – wird, ist die „kommunikativ erfahrene", also die im Austausch mit Anderen erlebte Welt:

> Die „Überlieferung, in der wir leben, ist nicht eine sogenannte kulturelle Überlieferung, die aus Texten und Denkmälern allein bestünde und einen sprachlich verfaßten oder geschichtlich dokumentierten Sinn vermittelte. Vielmehr wird uns die kommunikativ erfahrene Welt selbst als eine offene Totalität beständig übergeben, ‚traditur', und hermeneutische Anstrengung gelingt überall da, wo Welt erfahren, Unvertrautheit aufgehoben wird, wo Einleuchten, Einsehen, Aneignung erfolgt, und am Ende auch dort, wo die Integration aller Erkenntnis der Wissenschaft in das persönliche Wissen des Einzelnen gelingt."[47]

Etwas überraschend und ungewöhnlich mag es klingen, wenn Gadamer hier sagt, die Überlieferung sei keine „kulturelle Überlieferung". Was sonst?, möchten wir fragen. Worauf es Gadamer ankommt, ist die „offene Totalität" *in* der wir existieren; *in* ihr finden wir uns vor; und es ist nicht so, dass wir leben und unter an-

[47] Ebd.

derem uns Kulturelles überliefert wird. Die Überlieferung, von der Gadamer hier spricht, ist weiter und offener als geschichtlich Überliefertes. Was uns „übergeben" wird - „traditur" -, das ist die Welt, die wir im Austausch mit Anderen erfahren. Und hier geschieht hermeneutisches Verstehen, sofern es gelingt, nämlich dann, wenn „Welt erfahren, Unvertrautheit aufgehoben wird, wo Einleuchten, Einsehen, Aneignung erfolgt". Dies schließt ein, dass auch naturwissenschaftliche Erkenntnis persönliches Wissen und als solches integriert wird - integriert in die Ganzheit der erkennenden Person. Damit beschreibt Gadamer einen Aspekt der Bildung des Menschen, für den der Gegensatz von Natur- und Geisteswissenschaft relativiert wird.[48] Doch das verweist in ein anderes Feld.

[48] Zum Zusammenhang von Wissenschaft, Sprache und Verstehen siehe Gadamer: „Sprache als Medium der hermeneutischen Erfahrung"; in: Wahrheit und Methode I, 361–367, und: „Sprache und Verstehen"; in: Wahrheit und Methode II, 184–198; zu Natur- und Geisteswissenschaften siehe Gadamer, Wahrheit und Methode I, 268 f.

III. Perspektiven der Hermeneutik

Im vorhergehenden Kapitel haben wir versucht, Zugänge zur Hermeneutik zu erschließen: Wo und wie drängt sich die Notwendigkeit von Hermeneutik auf, die Notwendigkeit von Verstehen, dem Verstehen von etwas *als* etwas? Wir haben festgestellt, das ist der Fall, wo wir es mit *Menschlichem* zu tun haben – im einfachen Alltag, in komplexen Zusammenhängen oder eben in Ausnahmesituationen, wo wir etwa in einer wilden Landschaft auf menschliche Gegenstände stoßen. Ein weites, aber auch zentrales Feld des Verstehen-Müssens eröffnet sich mit allem *Sprachlichen,* mit gesprochener und geschriebener Sprache. Humboldt und Schleiermacher machen aufmerksam auf die allgemeine gesetzmäßige Seite der Sprache sowie auf ihre individuelle und kreative Seite. Verstehen hat mit beiden Seiten zu tun; dabei geschieht Erschließung von Welt durch Sprache. Ein weiterer Aspekt war die Unterscheidung zwischen *Natur-* und *Geisteswissenschaften,* zwischen empirischen und sinnorientierten Wissenschaften. Allgemeingültige Aussagen stehen Aussagen mit dem Anspruch auf Objektivität (Bollnow) gegenüber, das Feststellen von kausalen Gesetzmäßigkeiten dem Aufdecken von Sinnzusammenhängen. Auch hier zeigt sich die Bedeutung von *Sprache.* Dilthey und Bollnow haben sich bemüht, die ebenbürtige wissenschaftstheoretische Bedeutung der Geisteswissenschaften neben den Naturwissenschaften aufzuzeigen. Für unseren Zusammenhang ist es bedeutsam, dass Geisteswissenschaften auf die *hermeneutische* Erschließung ihres Gegenstandes angewiesen sind.

Die Frage, die wir nun im Folgenden zu beantworten versuchen, lautet: Unter welchen Perspektiven lässt sich zeigen – und verstehen –, womit Hermeneutik sich befasst? Es handelt sich dabei in der Tat um Perspektiven, da mit *einem* Aspekt – beispielsweise mit dem Verstehen oder dem hermeneutischen Zirkel – fast alles gesagt und verstanden werden kann. Die Vielfalt der Blickwinkel soll das Bild der Hermeneutik jedoch variieren, ergänzen und vertiefen.

1. Verstehen

Beginnen wir mit einer Beschreibung von Hermeneutik, der wir schon einige Male begegnet sind: mit dem Verstehen. In der Hermeneutik geht es um das Verstehen von Menschlichem und insbesondere um das Verstehen von Sprachlichem, sei es gesprochen oder geschrieben. Die hermeneutische Frage lautet zum einen, was Verstehen charakterisiert - in Abgrenzung zu anderen Erkenntnisweisen - und zum anderen, wie es möglich ist.

‚Verstehen' hat vielfältige Bedeutungen in der Alltagssprache. Wir sagen „ich verstehe nicht, dass du das tun konntest", oder „ich verstehe gut, dass du dich freust". Dieses Verstehen versetzt sich in die Lage eines Anderen; es ist ein Mitfühlen, ein Sich-Hineinversetzen; das ist ein *psychologisches* Verstehen. Dann gibt es ein andersgeartetes Verstehen, wenn ich beispielsweise sagen kann, dass ich verstehe, wie PS in KW umgerechnet werden können. Dies ist ein gedankliches *Nachvollziehen* einer physikalischen und mathematischen Operation, eines *logischen* Zusammenhangs. Dabei können wir dieses Aha-Erlebnis haben: „Jetzt habe ich verstanden!". Wiederum eine andere Bedeutung hat ‚Verstehen', wenn ich sagen kann: „ich verstehe, was du sagst", oder „dieses Buch verstehe ich nicht". Hier handelt es sich um das Verstehen des *Sinns* des Gesagten und Geschriebenen. Dies macht das Interesse von Hermeneutik aus. In der Hermeneutik geht es um *Sinnverstehen,* um das Auslegen, um das Interpretieren des Sinns, der im Gesprochenen und Geschriebenen ausgesagt ist.

Mit welcher Situation hat Sinn-Verstehen zu tun? Da ist etwas gegeben: ein Gegenstand, eine Handlung, ein Text. Verstehen wird provoziert, wenn und weil wir daran etwas Menschliches erkennen und dabei voraussetzen, dass mit dem Gegebenen eine Bedeutung oder ein Sinnhaftes vorliegt. Diese Bedeutung, diesen Sinn wollen wir verstehen. Dem können wir diese Struktur geben: Ein Gegebenes wird *als* etwas Menschliches und darum Sinnhaftes wahrgenommen, dessen Bedeutung wir entweder verstehen oder verstehen wollen. Das können wir knapp so darstellen (Abb. 9).

Wir haben am Beispiel der Steinpyramide gesehen, dass sie auffällt, weil sie nicht in die natürliche Umgebung passt. Sie weist auf etwas Menschliches hin. Und deshalb wollen wir verstehen, was sie bedeutet. Dem liegt eine eigentümliche Haltung und Erwartung zugrunde. Natur-Erscheinungen und -Prozesse wollen wir, wie wir sagen, auch ‚verstehen'.

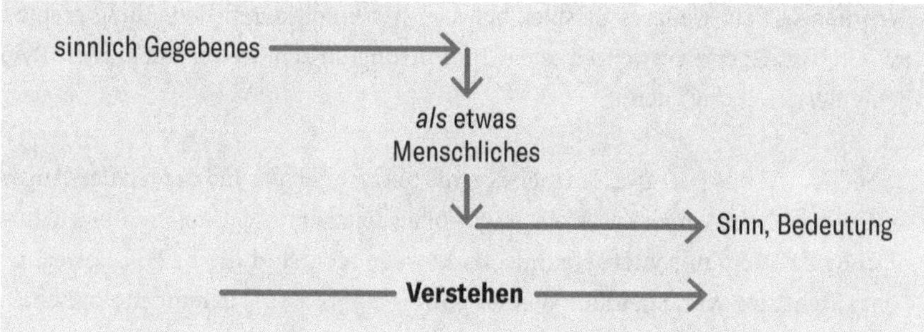

Abb. 9: Verstehen (a)

Aber in einer ganz anderen Art und Weise: Wir fragen nach Fakten und kausalen Zusammenhängen. Den *menschlichen* Gegenstand nehmen wir quasi nicht für bare Münze; wir gehen davon aus, dass er noch etwas anderes ist, dass da noch ‚mehr' ist; wir verstehen ihn *als* etwas. Nehmen wir das Wahrnehmen der erwähnten Steinpyramide als Beispiel für die Struktur des Verstehens (Abb. 10).

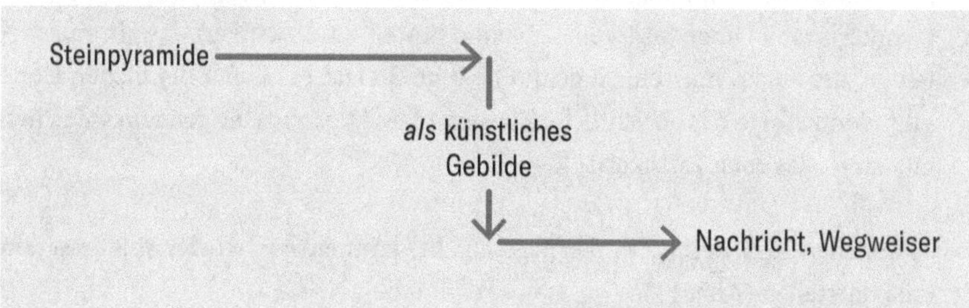

Abb. 10: Verstehen (b)

Es kommt nicht darauf an, dass wir dieses Steingebilde richtig und endgültig deuten. Auch eine offen gebliebene Frage ist der Versuch einer Antwort - einer Interpretation. Sollte jene Steinpyramide womöglich eine spirituelle Bedeutung haben, dann wäre uns wohl ein angemessenes Verstehen überhaupt verwehrt - was denkbar wäre, weil wir seinerzeit in der Nähe an einer Felswand eine indianische Steinbehausung *und* aufgemalte Zeichen fanden, die uns unverständlich waren. Wir sehen, etwas *als* etwas zu *verstehen*, ist nicht immer eine einfache Angelegenheit; es kann kompliziert werden.

Nehmen wir ein weiteres Beispiel, bei dem mit einer klaren Bedeutung gespielt wird. Clifford Geertz verwendet es zur Einführung dessen, was er mit Gilbert Ryle „dichte Beschreibung" nennt:

> „Stellen wir uns […] zwei Knaben vor, die blitzschnell das Lid des rechten Auges bewegen. Beim einen ist es ein ungewolltes Zucken, beim anderen ein heimliches Zeichen an seinen Freund. Als Bewegungen sind die beiden Bewegungen identisch; vom Standpunkt einer photographischen, ‚phänomenologischen' Wahrnehmung, die nur sie sieht, ist nicht auszumachen, was Zucken und was Zwinkern war oder ob nicht gar beide gezuckt oder gezwinkert haben. Obgleich man ihn nicht photographisch festhalten kann, besteht jedoch ein gewichtiger Unterschied zwischen Zucken und Zwinkern, wie ein jeder bestätigen wird, der ersteres fatalerweise für letzteres hielt. Der Zwinkerer teilt etwas mit, und zwar auf ganz präzise und besondere Weise: (1) er richtet sich absichtlich (2) an jemand Bestimmten, (3) um eine bestimmte Nachricht zu übermitteln, (4) und zwar nach einem gesellschaftlich festgelegten Code und (5) ohne daß die übrigen Anwesenden eingeweiht sind. Es ist nicht etwa so […], daß derjenige, der zwinkert, zwei Dinge tut – sein Augenlid bewegt und zwinkert –, während derjenige, der zuckt, nur sein Augenlid bewegt. Sobald es einen öffentlichen Code gibt, demzufolge das absichtliche Bewegen des Augenlids als geheimes Zeichen gilt, so *ist* das eben Zwinkern."[49]

Das Verstehen, das beim Zwinkern geschieht, können wir wieder mit unserem Schema darstellen (Abb. 11).

Auch hier geht es um ein Verstehen, das aber den Kumpanen des Zwinkerers vorbehalten ist.

> „Das aber ist nur der Anfang. Angenommen, […] es gäbe noch einen dritten Knaben, der ‚zur hämischen Belustigung seiner Kumpel' das Zucken des ersten Knaben auf amateurhafte, unbeholfene, auffällige oder andere Weise parodiert. Er macht das natürlich genauso wie der zweite Knabe, der zwinkert, und der erste Knabe, der zuckt: er bewegt das rechte Augenlid. Nur daß dieser Kna-

---

[49] Geertz, Dichte Beschreibung, 10 f.

be weder zwinkert noch zuckt, sondern den seiner Meinung nach lächerlichen Versuch eines anderen zu zwinkern parodiert."[50]

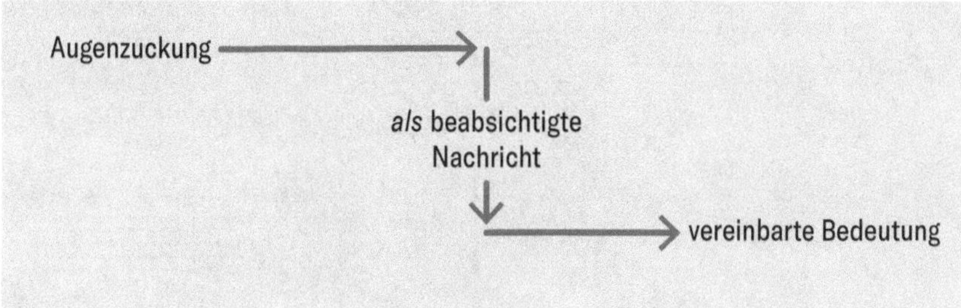

Abb. 11: Verstehen (c)

Das Verstehen dessen, was hier geschieht oder geschehen könnte, wird also ziemlich kompliziert. Denn es könnte sich um eine Parodie handeln ohne die Absicht einer vereinbarten Nachricht, also um eine Täuschung, um ein Sich-Lustigmachen. Oder es handelt sich überhaupt nicht um ein absichtliches bedeutungsgeladenes Zwinkern, sondern um eine Augenzuckung, hervorgerufen durch einen nervösen Reflex, und das ist dann ohne Bedeutung; hierbei gibt es nichts zu verstehen.

Allerdings könnte dieser letzte Fall verdeutlichen, was ein *Erklären* ist im Unterschied zum Verstehen. Das nervöse Augenzucken kann entweder verursacht sein durch ein Nervenleiden oder durch eine psychische Aufgeregtheit. Dann ist das Erklären das Zurückführen einer Erscheinung, einer Tatsache, auf einen kausalen Zusammenhang. Eine Erklärung kann auch einen *Grund* angeben – etwa das Augenzucken dessen, der das Zwinkern parodieren will. Hier handelt es sich um eine willentliche, absichtliche Intervention; darum erscheint es angemessen, von einem willentlichen ‚Grund' anstatt von einer kausalen ‚Ursache' zu sprechen. Erklären als ein Zurückführen auf Ursachen oder Gründe muss unterschieden werden vom Verstehen von etwas als etwas.[51] Auch dies kann grafisch veranschaulicht werden (Abb. 12).

---

[50] Ebd., 11.

[51] Bollnow, Studien zur Hermeneutik, 121–125.

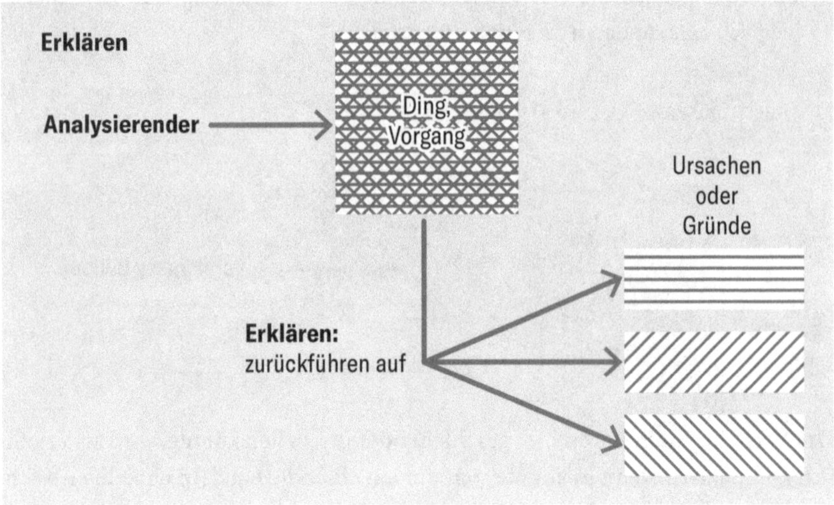

Abb. 12: Erklären[52]

Wir sollten nun das Verstehen als *hermeneutischen* Begriff deutlich gegenüber anderen Bedeutungen abgrenzen. Dazu verwenden wir ein Schema, das wir zunächst erläutern (Abb. 13).

Verstehen als hermeneutischen Begriff im weiteren Sinne müssen wir zum einen abgrenzen vom *Erklären*, zum anderen von einem *umgangssprachlichen*, eher vagen Gebrauch. Im hermeneutischen Kontext meint Verstehen ein *Sinn*-Verstehen, ein Verstehen von etwas *als* etwas, wobei etwa bei Dilthey auch *psychologisches* Verstehen als Zugang hierzu eine Rolle spielt. Sinn-Verstehen kann nun einmal spontan, unmittelbar geschehen – Dilthey nennt es *elementares* Verstehen; beispielsweise ist für einen Deutschen ohne weitere Erläuterung verständlich, wenn von ‚Brot' die Rede ist. Sinn-Verstehen wird zum *höheren* Verstehen, wo Wort, Satz, Text, Kultur in Beziehung gebracht und sich gegenseitig erhellen müssen, um verstehen zu können, wovon die Rede ist (Abb. 13). Auch hier können wir uns an das Beispiel ‚Brot' im Rahmen eines bestimmten Kulturkreises erinnern; erst in Bezug auf diesen erschließt sich, was mit der Sache ‚Brot' gemeint ist. Um überhaupt angemessen zu verstehen zu können, ist ein *Vorverständnis* – hier also ein kulturelles – vonnöten.

52 Danner, Methoden, 41.

Verstehen ist nur so möglich, „dass der Verstehende seine eigenen Voraussetzungen ins Spiel bringt".[53]

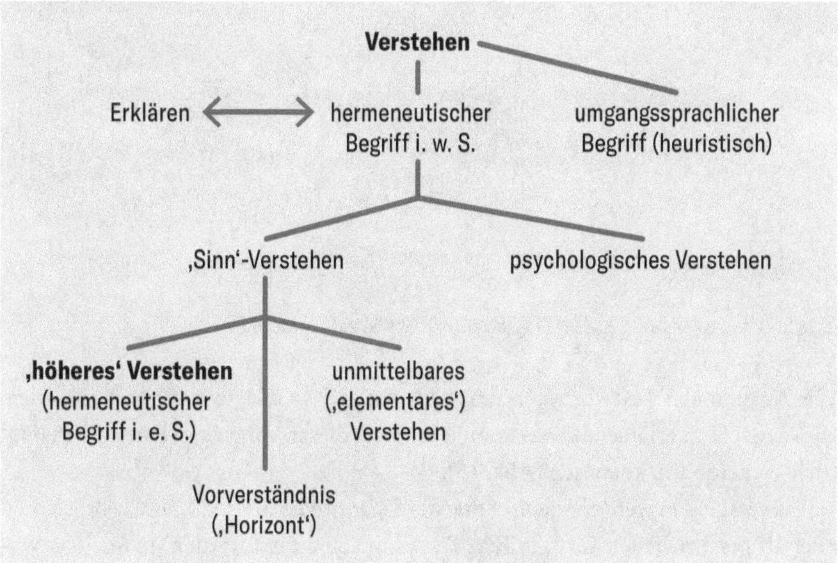

Abb. 13: Höheres Verstehen[54]

Bislang haben wir von Verstehen im Vorfeld der Textinterpretation gesprochen; es sollte dadurch deutlich werden, um welchen Erkenntnisakt es sich handelt, wenn wir von Verstehen im hermeneutischen Sinn sprechen. Offensichtlich geht es um ein ‚höheres Verstehen', das ein Sinn-Verstehen ist. Dies gilt nun insbesondere für das Verstehen von *Sprachlichem*. Das Wort, der Satz, der Text sagen *etwas* aus. Den Wort-Laut und das Schrift-Bild nehmen wir als etwas Bedeutungsträchtiges, als etwas Sinnhaftes wahr; zumindest ist es unsere Erwartung, dass etwas Geschriebenes und Gesprochenes einen Sinn übermitteln will. Darum fühlen wir uns vor den Kopf gestoßen, wenn wir eine Sprache nicht kennen und jemand spricht Kikuyu und ein anderer schreibt Japanisch. Wir gehen davon aus, dass da *etwas* gemeint wird – und können nicht verstehen.

53 Gadamer, Hermeneutik, Sp. 1070.

54 Danner, Methoden, 40.

Die einfachste Struktur des hermeneutischen Text-Verstehens zeigt Abbildung 14.

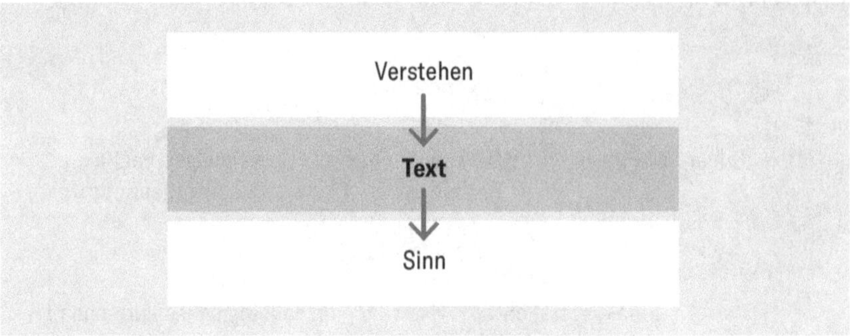

Abb. 14: Struktur des Verstehens (a)

Wir haben einen Text vorliegen und versuchen, das Gesagte zu verstehen, indem wir seinen Sinn erfassen. Etwas komplexer wird dieser Vorgang, wenn wir schematisch Weiteres hinzunehmen (Abb. 15).

Was verstanden werden soll, ist Sprache, die entweder als Rede, als Gesprochenes, oder als geschriebener Text vorliegt. Der Sinn soll erfasst werden, indem das Verstandene ausgelegt, interpretiert wird. Hier deutet sich bereits an, dass der Sinn, der sprachlich vermittelt werden soll, nicht identisch sein kann oder muss, mit dem Sinn, der durch die Auslegung wiedergegeben wird. Zwischen dem beabsichtigten Verstehen und der bewerkstelligten Auslegung des Sinns liegt ein Weg, findet ein Prozess statt, ereignet sich letztlich ein Jeweils-anders-Verstehen[55]. Der Sinn, um den es zunächst verstehend geht, ist das vom Autor Gemeinte; aber er ist am Ende auch das vom Interpreten Ausgelegte. Je nach hermeneutischer Theorie kann dieser Sinn auch andere Gesichtspunkte enthalten, so etwa nach Augustinus das „innere Wort", nach Droysen die Geschichtlichkeit, oder mit Heidegger „ein von der Sorge getragenes ‚Sich-auskennen' in der Welt", und mit Gadamer die Wirkungsgeschichte und den Verstehens-Horizont. Auf derartige Bestimmungen werden wir noch näher eingehen.

Wir können noch weitere Aspekte des Verstehensvorgangs berücksichtigen (Abb. 16). Das Verstehen und Auslegen ist die Situation des Interpreten. Der Autor ist derjenige, der sich in Rede und Text sprachlich äußert.

---

[55] Gadamer, Wahrheit und Methode I, 355.

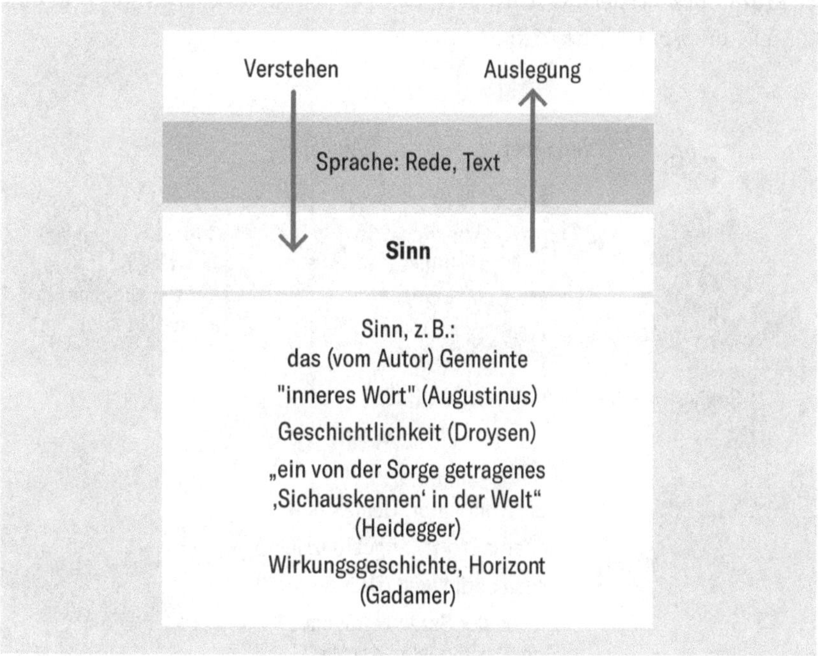

Abb. 15: Struktur des Verstehens (b)

Auf dieser Ebene können wir aber auch Nicht-Sprachliches hinzunehmen, nämlich etwa Artefakte (‚Steinpyramide') oder Handlungen (‚Zwinkern'); deren Sinn und Bedeutung liegt in ihrem Zweck oder in ihrer Absicht. Sofern es sich um Sprachliches im engeren Sinne handelt, kommt es hermeneutisch auf die innere Stimmigkeit des Textes (und einer Rede) an: Welche Bedeutung haben die Worte; ist der Gedankengang logisch; welcher Sinn ergibt sich in grammatikalischer Hinsicht? Auf der Sinn-Ebene geht es um die *Sache,* die verhandelt wird.

Gadamer vertritt die These, dass *alles Verstehen sprachlich ist.* Nicht nur stellen „alle Phänomene der Verständigung, des Verstehens und Mißverstehens, die den Gegenstand der sogenannten Hermeneutik bilden", eine Spracherscheinung dar. Nicht nur stellt „der zwischenmenschliche Vorgang der Verständigung, sondern der Prozeß des Verstehens selbst auch dann ein Sprachgeschehen [dar], wenn er sich auf Außersprachliches richtet“.[56]

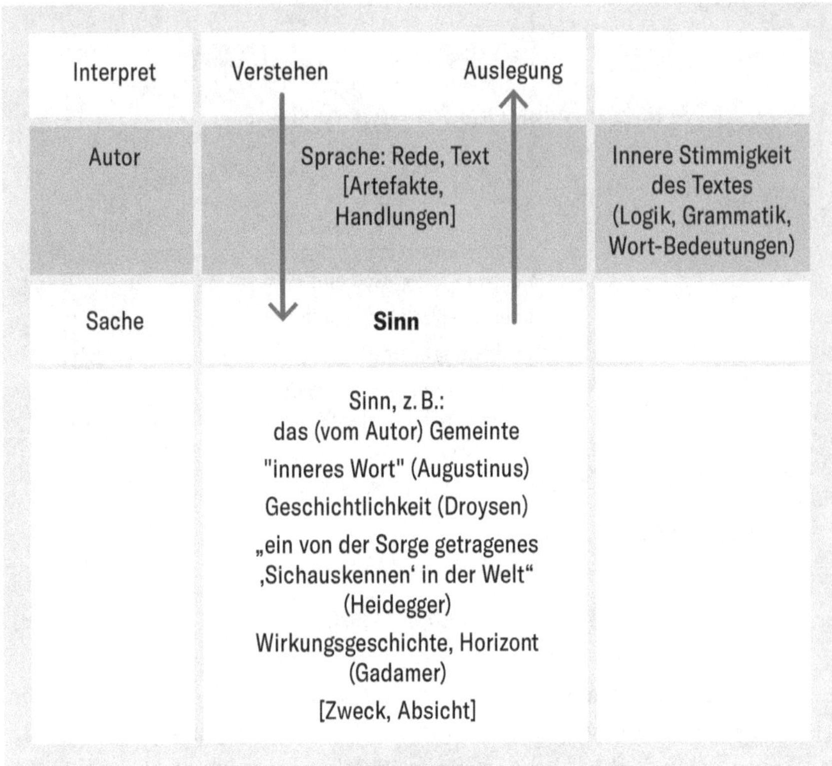

Abb. 16: Struktur des Verstehens (c)

Wir sind bereits auf diesen Umstand gestoßen, dass uns Gegenständliches *fragen* lässt, was es darstellt, was es bedeutet, welchen Zweck es hat. Mit diesem Fragen bewegen wir uns in der Sprache.

Wenn wir einem Sprechenden zuhören oder einen Text lesen, dann ist es zum einen unsere Intention, verstehen zu wollen, was da gesagt ist, und seinen Sinn zu erfassen; zum anderen ist dieses Sinn-Erfassen aber auch ein Auslegen, ein Inter-

56 Gadamer, Wahrheit und Methode II, 184; zur Sprachlichkeit des Verstehens siehe ebd., 184–198.

pretieren. Dies ist ein kreativer Akt. Der kann ein Missverständnis dokumentieren, wenn wir den Redner und den Text falsch verstehen. Das Auslegen geht aber auch von einem eigenen *Vorverständnis* von der Sache aus, einem Vorverständnis, das nicht das des Autors ist; Verstehen ist ein Anders-Verstehen. Verstehen heißt nicht, dem Autor zustimmen zu müssen. Ein anderes Vorverständnis kann auch bedeuten, ein verschiedenes Wissen von der Sache als der Autor zu haben.

Sartre beschreibt das Kreative beim Lesen:

> „Der Leser hat das Bewußtsein, gleichzeitig zu enthüllen und zu schaffen, im Schaffen zu enthüllen und durch Enthüllen zu schaffen. [...] So liegt der Sinn zunächst nicht in den Wörtern; im Gegenteil, er erlaubt es erst, die Bedeutung jedes Wortes zu begreifen“.[57]

Veranschaulichen wir uns, wie das Verstehen des vom Autor Gemeinten und die Auslegung des Gesagten auseinandergehen können. Aufgrund von Wissen, Vorstellungen, Einstellungen kann die Sache ‚Baum‘ verschiedene Bedeutungen für den Autor und für den Interpreten haben:

- ‚Baum‘ *als* zu schützender;
- als Nutzpflanze, Bauholz, Obstbaum;
- als Zierde, Schattenspender in einem Park;
- als heiliger Baum, zum Beispiel der Mugumo-Baum bei den Kikuyu;
- als romantische Metapher, etwa der Lindenbaum in Schubers „Winterreise“;
- als Lebensbaum;
- als erwachendes Leben im Frühjahr;
- als Ort der Erholung;
- als Gefahr in Gewitter und Sturm;
- als wissenschaftlicher Gegenstand der Biologie;
- usw.

Was also ist *gemeint,* wenn wir ‚Baum‘ hören oder lesen oder gar vor einem wirklichen Baum stehen; was verbindet jeder Einzelne damit?

[57] Sartre, Was ist Literatur?, 28.

Dies ist kein theoretisches Gedankenspiel. Denn wir erleben, in welchem Konflikt sich zum Beispiel Naturschützer und Unternehmer befinden; denken wir dabei an das Vernichten des brasilianischen Regenwaldes. Denken wir über die Sache ‚Baum' hinaus an den Klimawandel; die Positionen von Greta Thunberg und von Donald Trump könnten nicht konträrer sein.

Verstehen ist also keine neutrale Angelegenheit; es geht um Bedeutung und Sinn.

2. Sinn: das Gemeinte

Aber was ist dieser ‚Sinn'? Was meinen wir damit? Zunächst können wir feststellen, dass Verstehen und Sinn offensichtlich eng zusammengehören. Was verstanden wird, was wir verstehen wollen, ist Sinn, das Sinnhafte und Sinnvolle. Das jedenfalls ist die Situation der Hermeneutik; hermeneutisch geht es um Sinn-Verstehen. Bezogen auf das Verstehen von Texten sagt Gadamer:

> „Wer einen Text verstehen will, vollzieht immer ein *Entwerfen*. Er wirft sich einen *Sinn* des Ganzen *voraus*, sobald sich ein *erster* Sinn im Text zeigt. Ein solcher zeigt sich wieder nur, weil man den Text schon mit gewissen *Erwartungen* auf einen bestimmten Sinn hin liest. Im Ausarbeiten eines solchen Vorentwurfs, der freilich beständig von dem her *revidiert* wird, was sich bei weiterem Eindringen in den Sinn ergibt, besteht das Verstehen dessen, was dasteht."[58]

Hier wird beschrieben, wie Verstehen vor sich geht. Es ist kein Aha-Erlebnis: erst ist es dunkel, und mit einem Schlag wird es hell. Verstehen vollzieht sich vielmehr, sagt Gadamer, als ein Entwerfen, wir könnten auch sagen: als ein Ausprobieren. „Sobald sich ein erster Sinn im Text zeigt", heißt: aufgrund eines Buchtitels, einer Überschrift, eines Stichwortes und aufgrund unseres Vorwissens und unserer Erwartung legen wir einen bestimmten Sinn in den Text hinein. Aber in der Auseinandersetzung mit ihm verändert sich der angenommene, entworfene Text-Sinn, verstehe ich besser, angemessener, vielleicht nur anders, oder – auch das kann nicht ausgeschlossen werden – unangemessener, falscher. Gadamer fährt fort:

---

[58] Gadamer, Wahrheit und Methode I, 251, Hervorhebung HD.

> „Diese Beschreibung ist natürlich eine grobe Abbreviatur:
> daß jede Revision des Vorentwurfs in der Möglichkeit steht, einen *neuen Entwurf* von Sinn vorauszuwerfen;
> daß sich *rivalisierende* Entwürfe zur Ausarbeitung nebeneinander herbringen können, bis sich die *Einheit* des Sinnes eindeutiger festlegt;
> daß die Auslegung mit *Vorbegriffen* einsetzt, die durch angemessenere Begriffe ersetzt werden“[59].

Gadamer beschreibt also noch genauer, wie das Verstehen vor sich geht, das Verstehen als das Entdecken, Herausarbeiten des Sinns. Der Entwurf des Sinns muss korrigiert werden und einem angemesseneren Sinn-Entwurf weichen; es können sich verschiedene Möglichkeiten zeigen, wie der Text zu verstehen ist. Wir müssen unsere Vormeinungen und Vorbegriffe durch angemessenere ersetzen. Es handelt sich um ein „ständig Neu-Entwerfen, das die Sinnbewegungen des Verstehens und Auslegens ausmacht“.

> „Die Ausarbeitung der rechten, sachangemessenen Entwürfe, die als Entwürfe Vorwegnahmen sind, die sich ‚an den Sachen‘ erst bestätigen sollen, ist die ständige Aufgabe des Verstehens.“[60]

Verstehen ist also darauf aus, den Sinn etwa eines Textes zu erheben. Wichtig ist, dass Gadamer das Sinn-Verstehen „an den Sachen“ festmacht; es ist also kein zügelloses Phantasieren. Auf einen Text bezogen heißt dies: Wir müssen uns vom *Text* sagen lassen, was der Autor meint, und welche Sache gemeint ist.

Aber noch einmal: Was ist ‚Sinn‘? Das ist wohl einer der am schwierigsten zu fassenden Begriffe. Versuchen wir darum, uns ihm über verschiedene Beispiele anzunähern. Nehmen wir eine Aussage, die ebenfalls Gadamer formuliert:

> „Die Bedeutung eines Wortes ist eben nicht nur im System und im Kontext allein da, sondern dieses In-einem-Kontext-Stehen bedeutet zugleich, daß sie sich von der Vieldeutigkeit, die das Wort an sich hat, auch dann nicht

---

59 Ebd., 251 f., Hervorh. HD.

60 Ebd., 252.

> völlig abscheidet, wenn der Zusammenhang den jeweiligen Sinn eindeutig macht."[61]

Was will Gadamer hier sagen? Wir müssen diesen Satz vielleicht einige Male lesen, um den Inhalt zu begreifen. Wir können unser Verständnis erleichtern, indem wir den Satz in *Sinn-Schritte* gliedern:

> „Die Bedeutung eines Wortes
> ist eben nicht nur im System
> und im Kontext allein da,
> sondern dieses In-einem-Kontext-Stehen
> bedeutet zugleich,
> daß sie sich von der Vieldeutigkeit,
> die das Wort an sich hat,
> auch dann nicht völlig abscheidet,
> wenn der Zusammenhang
> den jeweiligen Sinn
> eindeutig macht."

Das hilft – hoffentlich – unserem Verstehen, was Gadamer sagen will: Die Wortbedeutung ergibt sich aus ihrem Zusammenhang; aber die Vieldeutigkeit des Wortes selbst bleibt trotzdem bestehen. Das ist zusammengefasst in eigenen Worten der Sinn des Gadamer-Satzes. Mit der Gliederung in Sinnschritte schlüsselt sich der Gesamtsinn des Satzes auf. Entscheidend aber ist, dass wir nicht dem Irrtum verfallen und meinen, der Satz-Sinn bestünde aus der Addition von Sinn-Teilen. Die angedeuteten Sinn-Schritte helfen uns lediglich, den Satz-Sinn zu begreifen. Denn Sinn ist immer ein *Ganzes,* hier: Die Vieldeutigkeit eines Wortes bleibt auch angesichts seines Kontextes bestehen.

Eine gegenteilige Auffassung vom Zusammenhang von Wort-Sinn und Text-Sinn scheint Sartre zu vertreten:

> „Der Leser hat das Bewußtsein, gleichzeitig zu enthüllen und zu schaffen, im Schaffen zu enthüllen und durch Enthüllen zu schaffen. Man sollte wirklich

[61] Gadamer, Wahrheit und Methode II, 197.

> nicht glauben, das Lesen wäre ein mechanischer Vorgang und würde durch die Buchstaben beeindruckt wie eine fotografische Platte durch das Licht. Wenn der Leser zerstreut, müde, dumm oder leichtfertig ist, werden ihm die meisten Beziehungen entgehen […] Wenn er sich aber ganz in der Hand hat, wird er über die Wörter hinaus eine synthetische Form ahnen, bei der jeder Satz nur eine Teilfunktion ist: das ‚Thema', den ‚Stoff' und den ‚Sinn'. So liegt der Sinn zunächst nicht in den Wörtern; im Gegenteil, er erlaubt es erst, die Bedeutung jedes Wortes zu begreifen."[62]

Sartre sieht also den dominierenden Sinn im *ganzen* Text, in der „synthetischen Form". Die Worte erhalten ihre Bedeutung erst aus dem „Thema" des Textes, aus dem Sinn-Ganzen. Darum sagt Sartre hier, der Sinn liege *zunächst* nicht in den Wörtern; aber er gesteht dem Wort einen Eigen-Sinn zu. Unabhängig von der Bedeutung, die Sartre hier dem Textganzen gegenüber der Wortbedeutung beimisst, ist hier interessant, welche *kreative* Rolle er dem *Leser* zuschreibt, der gleichzeitig enthüllt und schafft; Lesen ist eben kein mechanischer, passiver Vorgang; es ist zugleich kreativ. Verstehen und Auslegen gehören zusammen.

Ein weiteres Beispiel hat ebenfalls mit Sartre zu tun. Gary Cox bemerkt zu seiner Situation als dessen Biograph:

> „Gewiss, diese Biographie ist das, was ich insgesamt über Sartre denke. Nun, ja und nein. Meine Sicht auf Sartre veränderte sich ständig während des Schreibens an dieser Biographie, als ich mehr und mehr über sein Leben erfuhr, und es würde sich zweifellos weiter verändern, wenn ich das ganze Buch noch einmal von vorne schriebe. Weiteres Reflektieren würde gewiss eine etwas andere Biographie hervorbringen. […] Jede Biographie ist ein weiterer Versuch, ein Leben zu durchdringen, das eine weitere Lage von Interpretationen erzeugt, die von anderen durchdrungen werden wollen."[63]

Der Autor beschreibt hier sein Bemühen, die Gestalt und das Leben Sartres angemessen darzustellen – mit der Einsicht, dass ihm dies nicht vollkommen gelingen kann. Die Gestalt der Person Sartres und seines Werks sind hier das *Sinnhafte,* das

62 Sartre, Was ist Literatur?, 28.

63 Cox, Jean-Paul Sartre, 248.

dargestellt werden soll. Aber, vor allem weil es sich nicht um einen kurzen Text handelt, sondern um das Leben einer vielschichtigen Person, bleibt das Ergebnis offen und vieldeutig.

Doch Gadamer hebt gerade dies hervor, dass ein Text-Sinn *immer* über den Autor hinausgeht:

> „Nicht nur gelegentlich, sondern immer übertrifft der Sinn eines Textes seinen Autor. Daher ist Verstehen kein nur reproduktives, sondern stets auch ein produktives Verhalten. […] Verstehen ist in Wahrheit kein Besserverstehen, weder im Sinne des sachlichen Besserwissens durch deutlichere Begriffe, noch im Sinne der grundsätzlichen Überlegenheit, die das Bewußte über das Unbewußte der Produktion besitzt. Es genügt zu sagen, daß man *anders* versteht, *wenn man überhaupt versteht.*"[64]

Wenn der Sinn eines Textes den Autor übertrifft, dann heißt dies, dass der Autor nur *Anteil* an dem Sinn hat; dieser kommt durch den Text zum Ausdruck. Das Verstehen – das ‚Lesen', wie Sartre sagt – ist aber produktiv; es trägt zum Erfassen und zur Formulierung des Sinns kreativ bei – über den Autor hinaus. Verstehen oder ‚Lesen' gibt also die Meinung des Autors nicht bloß wieder. Das Verstehen ist zugleich ein Auslegen. Es kommt bei diesem Vorgang sozusagen mehr – besser: anderes – heraus, als der Autor sagen wollte und konnte. Der Grund hierfür ist die ‚Sache', an der sich Autor und Interpret orientieren.

Was also ist Sinn? Sinn ist das, was mit einem Wort, mit einem Satz, mit einem Text gesagt wird, was der Sprecher, der Schreiber damit *meint*. Wir sagen auch von einem Buch, dass es eine ‚Botschaft' vermitteln will, von einem Bild, dass es eine ‚Aussage' macht, von einem Film, dass er etwas ‚mitteilen' will.

Mit derartigen Beschreibungen wird die allgemeine Bedeutung des Begriffs ‚Sinn' angezeigt. Wir können und müssen diesen Begriff aber auch noch differenzieren und präzisieren. Wir können zwischen dem *Sinnhaften* und dem *Sinnvollen* unterscheiden. Versuchen wir, diesen Unterschied an einem Beispiel zu verdeutlichen: Nehmen wir hierzu den kurzen Text-Auszug, wo Cox über seine Biographie über Sartre reflektiert. Was wir hier beim Lesen verstehen, liegt auf verschiedenen Ebenen. Die einfachste machen die *Wortbedeutungen* aus. Wir wissen, was mit ‚Bio-

---

64 Gadamer, Wahrheit und Methode I, 280.

graphie' gemeint ist, was ,Interpretationen' sind und wir können nachvollziehen, wie wir ,Wiederinterpretationen' zu verstehen haben. Der Autor unterbreitet seinen *Gedanken,* dass nämlich eine Biographie zu keinem endgültigen Ergebnis über das Wesen der recherchierten Person kommen kann. Wir verstehen den Sinn dieses Gedankens und verstehen darum den Sinn etwa dieses *Satzes:* „Weiteres Reflektieren würde gewiss eine etwas andere Biographie hervorbringen." Die Sinn-Aspekte, die wir hervorheben, werden also immer komplexer. Wir versuchen, dem *Argument* des Autors zu folgen, dessen Sinn darin besteht, dass ein fortgesetztes Beschäftigen mit dem Leben Sartres „eine weitere Lage von Interpretationen" erzeugen würde. Der Sinn nun dieses kurzen *Text*ausschnittes besteht darin, die *Schwierigkeit* einer angemessenen Darstellung des Lebens einer Person aufzuzeigen. Um das in diesem Fall voll verstehen, also den Sinn des Textes ganz erfassen zu können, müssten wir das Buch von Cox lesen, vielleicht auch vergleichen mit anderen Sartre-Biographien – etwa mit der von Lévy[65].

Was hier verstanden wird, ist das *Sinnhafte* der Wortbedeutungen, der Sätze, des Textganzen, der Argumentation. Wir können dieses Sinnhafte auch als den *kommunikativen Sinn* bezeichnen, nämlich als den Sinn, der mitgeteilt wird, der in der Mitteilung der Worte, Sätze, Texte ausgesagt wird. Dies ist der Sinn, der *hermeneutisch* ausgelegt, interpretiert, zuweilen erst hergestellt wird. *Hermeneutik* befasst sich mit dem *Sinnhaften.*

An dieser Stelle sei angemerkt, dass dieses Sinnhafte sich nicht in einer grammatikalischen Regelhaftigkeit erschöpft. Das heißt, es reicht nicht, dass Sätze und Satzverbindungen grammatikalisch und logisch richtig sind. Denn grammatikalisch Richtiges kann auch sachlich *Unsinniges* aussagen: „Die Sonne kreist um die Erde." Mit anderen Worten, das sprachlich Sinnhafte darf die *Sachangemessenheit* nicht vernachlässigen.

Hier kommt nun eine weitere Bedeutung von ,Sinn' ins Spiel: Wenn ein Satz, ein Text der verhandelten *Sache angemessen* ist, heißen wir ihn *sinnvoll.* Wenn er der Sache zuwider ist, dann nennen wir ihn unsinnig. Hermeneutik muss die Sachangemessenheit beachten, aber es ist nicht ihr zentrales Geschäft, Sachen zu klären. (Ob die Sonne um die Erde kreist oder nicht, kann hermeneutisch nicht geklärt werden; die sprachliche Formulierung von wissenschaftlichen Befunden kann sehr wohl hermeneutisch erhellt werden.)

---

65 Lévy, Sartre.

Was wir als ‚*sinnvoll*' bezeichnen, betrifft nun in unserem Beispiel der Sartre-Biographie Aspekte, die über diese hinausgehen. Hier ging es uns um die *sinnhaften* Aussagen des Biographen. Was aber Sartres Leben und vor allem sein Werk uns sagen können, was sie uns bedeuten, wie wir sie beurteilen wollen, reicht in unsere eigene Existenz hinein. Es wird für uns *sinnvoll* – oder auch nicht.

Zur Frage nach dem Sinnvollen, das über das Sinnhafte hinausgeht, noch weitere einfache Beispiele: Ich verstehe, dass du mit dem Auto fahren willst anstatt mit der Straßenbahn; aber ist das sinnvoll mit Blick auf die Kosten und auf die Umweltbelastung? Oder: Es ist sinnvoll, eine Einkaufsliste zu machen, um beim Einkauf nichts zu vergessen. Hier handelt sich also um einen *Handlungs-Sinn*, um das Erreichen eines Zwecks. Die Frage nach dem Sinnvollen drängt sich noch mehr auf, wenn Entscheidungen und Handlungen weite Bereiche unseres Lebens und letztlich unser gesamtes Leben betreffen, also wenn es im weiteren Sinne um den Lebens-Sinn geht – ähnlich wie bei der Frage nach der Bedeutung von Sartres Gesamtwerk. Wir können dies allgemein als *existentiellen Sinn* bezeichnen. Die ‚Sache', um die es sich hierbei handelt, ist unser Leben, unsere Existenz.

Es gibt einen weiteren Bereich, der *zwischen* dem Sinnhaften und dem Sinnvollen angesiedelt ist und beiden angehört. Wir können ihn *Werk-Sinn* nennen; dazu gehören unter anderem Kunst, Literatur, Musik. In Werken aus solchen Bereichen kommen das Sinnhafte und das Sinnvolle zusammen. Zum einen können und müssen sie im hermeneutischen Sinn interpretiert werden mit Blick auf ihren sprachlichen, grammatikalischen und *sachlichen* Zusammenhang; aber zugleich reichen sie in ihrer Bedeutung über den ‚Text', über die angesprochene Sache hinaus und in unsere Existenz hinein. Gadamer widmet in „Wahrheit und Methode" der Kunst ein langes Kapitel, um die Frage der Hermeneutik zu entwickeln; Literatur ist ein klassisches Feld der Hermeneutik; auch Musik hat eine ‚sinnhafte' Seite, sofern sie ‚sachlich' betrachtet und interpretiert wird, und eine ‚sinnvolle', existentielle, wo sie Mittel des Ausdrucks und der Darstellung wird.[66]

Diese Differenzierung des Begriffs ‚Sinn', die im Rahmen der Hermeneutik von Bedeutung ist, fassen wir nun in einem Schema zusammen (Abb. 17).

---

66 Siehe Danner, Methoden, 46 f; zur Ergänzung der Frage nach dem Verstehen und dem Sinn-Begriff siehe Jung, Hermeneutik zur Einführung, 9–31.

<table>
<tr><td rowspan="6">kommunikativer, hermeneutischer Sinn: ‚sinnhaft‘</td><td>Wort-Bedeutung</td><td rowspan="5">Sach-angemessenheit</td></tr>
<tr><td>Sinn eines ‚Gedankens‘</td></tr>
<tr><td>Satz-Sinn</td></tr>
<tr><td>Sinn eines ‚Arguments‘</td></tr>
<tr><td>Text-Sinn</td></tr>
<tr><td>Werk-Sinn (Kunst, Literatur, Musik)</td><td rowspan="3">existentieller Sinn: ‚sinnvoll‘</td></tr>
<tr><td rowspan="2"></td><td>Handlungs-Sinn, Zweck</td></tr>
<tr><td>Lebens-Sinn</td></tr>
</table>

Abb. 17: Sinn-Begriff

Verstehen können wir im hermeneutischen Zusammenhang bestimmen als das Erfassen von etwas in seinem Sinn. Wie wir gesehen haben, kann dieser Sinn unterschiedlichen Ebenen angehören – von der Bedeutung eines Wortes bis zum Sinn des Lebens.

Da wir angemessener von einer ‚Bedeutung‘ eines Wortes sprechen als von seinem ‚Sinn‘, bedarf es noch einer weiteren Klärung, was es mit diesem Unterschied von ‚Bedeutung‘ und ‚Sinn‘ auf sich hat. Am einfachsten zeigt sich dieser wohl am Beispiel von Verkehrszeichen. Der runde weiße Kreis mit einem roten Rand *bedeutet* etwas, nämlich: diese Straße ist für Fahrzeuge gesperrt. So hat jedes Verkehrszeichen seine *Bedeutung*. Doch diese weist über sich hinaus; sie hat einen *Sinn*, bei diesem Beispiel den, dass etwa die Straße ruhig gestellt werden muss, weil sich dort ein Krankenhaus befindet. Jedes Verkehrszeichen hat seine spezifische Bedeutung mit dem übergeordneten Sinn, den Verkehrsfluss zu regeln und dem Zusammenleben, das vom Verkehr betroffen ist, Sicherheit zu verleihen. Als ein anderes Beispiel kann jenes Schild dienen, das wir über den Türen in öffentlichen Gebäuden sehen. Es hat die Bedeutung, uns den Ausgang anzuzeigen und oft auch die weitere Bedeutung, nämlich einen schnellen, sicheren Notausgang. Auch ein solches Zeichen verweist auf einen Sinn, nämlich uns den Ausgang aus dem Raum zu erleichtern und uns vor Gefahr in dem Gebäude zu retten.

Diese Art von Zeichen und Symbolen sind zahllos: Verkehrszeichen, Hinweisschilder, Piktogramme. Dass es einen Unterschied zwischen Bedeutung und Sinn hierbei gibt, sehen wir ganz deutlich etwa bei Schildern zur Geschwindigkeitsbegrenzung. Deren *Bedeutung* – etwa: „maximal 120 km/h" – wird durchaus von allen verstanden; aber ihr *Sinn:* größere Sicherheit, mehr Umweltschutz, wird von vielen – gerne von Deutschen – nicht akzeptiert. In diesem Zusammenhang erscheint es hilfreich, über die ‚Bedeutung eines Wortes' nachzudenken. Wir sprechen von der Bedeutung eines Wortes, aber ‚Bedeutung' meint hier etwas anderes als die ‚Bedeutung' eines Symbols oder eines Zeichens: Die Bedeutung des Letzteren ist klar definiert; ein Verkehrszeichen ist eindeutig; aber ein Wort kann sehr vieldeutig sein; denken wir nur an unsere Beispiele ‚Brot' oder ‚Baum'.[67]

Eine spezielle Art von Zeichen liegt mit naturwissenschaftlichen und mathematischen Symbolen vor. In Formeln werden Erkenntnisse und Naturgesetze symbolhaft zusammengefasst – etwa in der Formel $e = m \times c^2$. Ihre *Bedeutung* kann zwar in Worten ausführlicher formuliert werden: Die Energie entspricht dem Produkt aus Masse und dem Quadrat der Lichtgeschwindigkeit. Aber kann darin ein ‚Sinn' erkannt werden, ein Zweck, ein existentieller Sinn? Wenn wir naturwissenschaftliche Symbole und Formeln nach ihrem *Sinn* befragen, erhalten wir keine Antwort. Wohl können wir ein gesetzmäßiges Verhalten in der Natur feststellen und entsprechende Naturgesetze (oft mathematisch) formulieren, aber der Inhalt der Naturgesetze gibt keine Antwort auf unser Verstehen-Wollen: Die Antwort lautet hierbei immer wieder: Das *ist* so; da ist nichts ‚gemeint'; da muss kein Sinn verstanden werden. Diese Beobachtung gibt uns einen Hinweis auf den Unterschied zwischen Natur- und Geisteswissenschaften.

Den Zusammenhang von Symbol, Bedeutung und Sinn können wir im Überblick zusammenfassen (Abb. 18). Wichtig ist dabei die Differenzierung zwischen ‚Bedeutung' und ‚Sinn'.[68]

---

[67] Vgl. Gadamer, Wahrheit und Methode II, 197.

[68] Zur Thematik dieses Abschnitts siehe: Demmerling: Sinn, Bedeutung, Verstehen.

	Beispiele		
Symbol, *Zeichen,* Formel	*„EXIT“*	*„120“*	*„e = m x c²“*
↓	↓	↓	↓
Bedeutung	normaler Ausgang/Notausgang	Höchstgeschwindigkeit 120 km/h	„Die Energie entspricht dem Produkt aus Masse und dem Quadrat der Lichtgeschwindigkeit.“
↓	↓	↓	↓
Sinn (Zweck)	Hilfe beim Verlassen eines Gebäudes, Rettung in Gefahr	Erhöhte Sicherheit, Umweltschutz	**?**

Abb. 18: Symbol – Bedeutung – Sinn

3. Das „innere Wort“

In der Hermeneutik geht es um das Verstehen und zwar um Verstehen von Sinn. Was verstanden wird, liegt sprachlich vor oder kann in Sprache gefasst werden. *Was* geht hierbei in die Sprache ein; oder anders gefragt: Was geht der Sprache *voraus?* Was liegt *vor* der Sprache? Wovon jede Sprache spricht, ist etwas, ist eine Wirklichkeit, eine *Sache.* Sprache gibt Antwort auf Fragen, die wir – auch unausgesprochen – an die Wirklichkeit richten. Fragen und Antworten geschehen als Denken. Gibt es ein Denken *vor* der Sprache, *ohne* Sprache? Wohl nicht, sobald sich Denken formuliert und äußert. Denn es „gibt für uns Menschen kein Denken ohne dieses Element der *Sprachlichkeit.*“[69] Nach Schleiermacher ist das Denken ein inneres Sprechen:

[69] Grondin, Einführung, 57.

„Jede Rede beruht auf einem früheren Denken."[70] Aber vor dem Denken und vor der Sprache können wir etwas annehmen, das als *„inneres Wort"* in die philosophische Reflexion eingegangen ist. Hierbei warnt Grondin vor einem Missverständnis: Unter dem „inneren Wort" ist „keine private oder psychologische Hinterwelt, die bereits vor dem sprachlichen Ausdruck feststünde, gemeint. Es ist dasjenige, was danach strebt, sich in der ausgesprochenen Sprache zu äußern. Die geäußerte Sprache ist das Depositum eines Ringens, das als solches zu hören ist."[71]

Das „innere Wort" können wir uns als dasjenige denken, in das die Sache, die Wirklichkeit, aber auch unser Fragen eingeht, ohne zunächst eine bestimmte Gestalt angenommen zu haben. Von dorther wird unser Denken angeregt und unser Sprechen gebildet. Diese Beschreibung des „inneren Wortes" ist ein Behelf, um unsere Vorstellung zu unterstützen. Bevor wir auf das „innere Wort" näher eingehen und uns seine Bedeutung für die Hermeneutik vergegenwärtigen, verdeutlichen wir uns die erwähnten Fragen und Zusammenhänge in einer kleinen Grafik (Abb. 19).

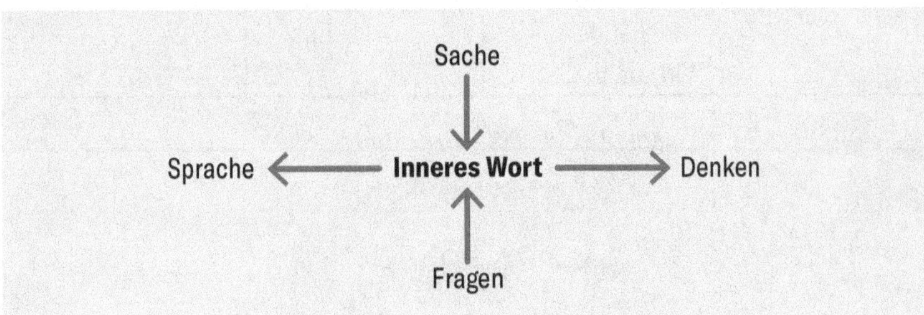

Abb. 19: Inneres Wort

Das „innere Wort" spielt eine zentrale Rolle in der Hermeneutik Gadamers[72]. Um das entsprechende Kapitel in „Wahrheit und Methode" entstand eine Diskussion, auf die wir hier nur verweisen, ohne darauf genauer einzugehen.[73] Gadamer beruft

---

70 Schleiermacher, Hermeneutik und Kritik, 78.

71 Grondin, Einführung, 10.

72 Ebd., 9. Vgl. Oliva, Das innere Verbum, 1: Gadamer stimmt Grondins These zu, „das innere Verbum sei ein bei ihm zentraler Begriff, von dem aus seine ganze Hermeneutik verstanden werden kann".

73 Gadamer Wahrheit und Methode I, 395–404: „Sprache und verbum"; Grondin, Einführung, 50–59; Oliva, Das innere Verbum; Arthos, The Inner Word; Arthos, The Fullness

sich unter anderem auf Augustinus (354–430). Dessen Unterscheidung zwischen „innerem“ und „äußeren Wort“ hat eine theologische Absicht; auch diese können wir für unseren Zusammenhang vernachlässigen.[74] Bedeutsam ist aber, dass Augustinus mit jener Unterscheidung einen Hinweis auf das hermeneutische Verstehen und Auslegen gibt. Denn Verstehen und Auslegen suchen den Sinn zu erfassen, der sich in einem Text, im sprachlich Formulierten zeigt und der auf das Denken verweist, das vom „inneren Wort“, von der Sache spricht:

Text → Sprache → Sinn → Denken → Inneres Wort.

Augustinus unterscheidet das „innere Wort“ und das „äußere Wort“. Das „innere Wort“ sprechen wir mit der „Sprache des Herzens“:

> „Das ursprüngliche Sprechen oder Denken ist ein inneres, die Sprache des Herzens [...]. Dieses innere Sprechen hat noch keine sinnliche oder materielle Form, es ist rein intellektuell oder universal, d. h. hier: Es hat noch nicht die Gestalt einer *besonderen,* sinnlichen oder historischen Sprache angenommen.“[75]

Das „innere Wort“, das der „Mund des Herzens“ spricht, wird verlautet, aus-gesprochen. Das geschieht durch den „Mund des Leibes“, „des Fleisches“, also dadurch, dass wir vernehmbar sprechen und uns äußern. Bei Augustinus heißt es:

> „Demnach ist das Wort, das draußen erklingt, Zeichen des Wortes, das drinnen leuchtet, dem mit größerem Recht die Bezeichnung Wort zukommt. Denn was mit dem Mund des Fleisches vorgebracht wird, ist der Laut des Wortes.“[76]

Wenn wir sprechen und schreiben, äußern wir, was auf den Inhalt, die Sache, das Gedachte des „inneren Wortes“ verweist. Das geschieht unter dem Verlust der Vollkommenheit. „Denn im Reden treten immer nur Facetten und Aspekte des Aus-

---

of Understanding; Figal, The Doing of the Thing Itself; Kaegi, Was heißt und zu welchem Ende.

74 Vgl. Gadamer, Wahrheit und Methode I, 395–398, 401; Arthos, The Fullness of Understanding.

75 Grondin, Einführung, 54.

76 Augustinus, De trinitate, 295.

zusagenden hervor, niemals die ganze Sache bzw. der volle Sachverhalt. Das innere Wort, das wir im Herzen sprechen, ist aber dieser ‚von dem Gegenstand, den wir wissen, geformte Gedanke'."[77]

Der „Mund des Leibes" spricht den „Laut des Wortes"; wir vernehmen das Gesagte, Geschriebene, den sprachlichen Ausdruck. Aber das bleibt hinter dem „inneren Wort" zurück – hinter der Sache. Das nun zeigt den Sinn des „inneren Wortes" für die *Hermeneutik*. Was wir in einer Rede hören und in einem Text lesen, verweist auf *etwas*, das der Redner und der Autor sagen wollen. Jenes ‚etwas' versuchen wir zu verstehen.

> „Denn zu jedem Sprechen gehört ein doppelter Bezug, nämlich der auf die *Sache*, das Gedachte bzw. den Inhalt und der auf das *Gesagte*, den Buchstaben bzw. den Ausdruck. Diese hermeneutische Grundeinsicht in die Doppelstruktur der Sprache liegt Augustinus' Unterscheidung zwischen dem inneren und dem äußeren Wort zugrunde. Nimmt man die Doppelstruktur ernst, gehört zur *Hermeneutik* ebenso das Verstehen des Verstehens wie die Vermittlung des Verstandenen."[78]

Joisten weist hier also auch auf zwei Aspekte der Hermeneutik hin: auf das „Verstehen des Verstehens", nämlich auf die Reflexion über den Verstehens-Vorgang; das Andere ist die hermeneutische Tätigkeit der Auslegung, der Interpretation. Den Gedankengang, der sich an das Verständnis des „inneren Wortes" bei Augustinus und an dessen Darstellung bei Joisten[79] anlehnt, fassen wir schematisch zusammen (Abb. 20).

Mit dem inneren Wort erhalten wir einen weiteren Zugang zum Verständnis von *Hermeneutik*. Denn das gesprochene Wort, der geschriebene Text, bleibt hinter der gemeinten Sache zurück. Hermeneutik können wir als den Versuch verstehen, die *Unvollkommenheit*, die sich im „Laut des Wortes" gegenüber dem „inneren Wort" dokumentiert, aufzuzeigen *und* dennoch ein Verstehen zu ermöglichen.

---

77 Joisten, Philosophische Hermeneutik, 57 f.

78 Ebd., 58, Hervorh. HD.

79 Ebd., 56–60.

„Kein Wort schöpft das innere Wort ganz aus. Dieses innere Wort ist dasjenige, das wir immer herauszustammeln versuchen. Wir verfallen dabei aber meist auf die gängigsten und klischeehaften Schablonen der Verständlichkeit, die oft genug eine schemenhafte ist [...] Dieses ‚innere Wort‘, das weder diesseits noch jenseits der Sprache, sondern in ihr liegt, ist gleichsam die Sprache, die die Sprache – über das Gerede und das Geredete hinaus – ständig sucht und deren Spur sie ist. Darin liegt die Grenze der Sprache, aber ebensosehr die Universalität der Sprachlichkeit für die Hermeneutik, die diese Spannung zwischen dem Geäußerten und dem inneren Wort zu denken versucht.“[80]

„Mund des Herzens“	→	**„Mund des Leibes“**
„inneres Wort“: „Worte keiner Sprache“ das Gedachte, Sache, Inhalt	**Unvollkommenheit**	„Laut des Wortes“: Sprechen, das Gesagte, das Geschriebene, sprachlicher Ausdruck
↓ ↓ ↓	**Hermeneutik**	↓ ↓ ↓
Verstehen des Verstehens		Vermittlung des Verstandenen (Interpretation, Auslegung)

Abb. 20: Augustinus: Das „innere Wort“

Ein Gesprochenes kann man „nur verstehen, wenn man die hinter ihm lauernde innere Sprache nachvollzieht“.[81] Was da gesprochen ist und was da geschrieben steht, ist in der Regel nicht unmittelbar verstehbar. Wir müssen mit der Unvollkommenheit des Geäußerten und des Verstehens zurecht kommen; wir müssen uns auf die *Sprache* einlassen. Das Gesprochene und das Geschriebene sagen nicht alles aus, was die *Sache* ausmacht; und unser Verstehen bleibt hinter dem Gesagten zurück,

[80] Grondin, Universalität der Sprachlichkeit, 29.

[81] Grondin, Einführung, 29.

indem es uns etwas anderes als das Gemeinte sagt. Dieses aufzuklären und der Sache so nahe wie möglich zu kommen, bezeichnet das Geschäft der Hermeneutik.

Die Unvollkommenheit des „äußeren" gegenüber dem „inneren Wort" macht den Grund für das Verstehen-Wollen und das Auslegen in der Hermeneutik aus. Das äußere Wort spricht die Sache *unvollkommen* aus, zeigt nur *Perspektiven* der Sache, bleibt *sprachlich* hinter der Erfordernis der Sache zurück. Thomas von Aquin interpretierend stellt Gadamer fest: Das menschliche Wort ist wesensmäßig unvollkommen.

> Es ist „die Unvollkommenheit des menschlichen Geistes, daß er nie die vollständige Selbstgegenwart besitzt, sondern ins Meinen von Diesem oder Jenem zerstreut ist. Aus dieser seiner wesensmäßigen Unvollkommenheit folgt, daß das menschliche Wort [...] notwendigerweise viele Worte sein muß. Die Vielheit der Worte bedeutet also keineswegs, daß an dem einzelnen Wort ein Mangel wäre, den man beheben könnte, sofern es nicht vollkommen ausspräche, was der Geist meint, sondern weil unser Intellekt unvollkommen ist, d. h. sich nicht vollkommen in dem, was er weiß, gegenwärtig ist, bedarf es der Vielheit der Worte."[82]

Das heißt also, dass die „Vielheit der Worte" die Sache nur ungenau, nur annäherungsweise benennt, dass es deshalb der Interpretation bedarf, um der Sache näher zu kommen. Diese Annäherung durch die Interpretation geschieht nun insbesondere im *Gespräch.* Dieses hat seinen Grund im „unabdingbaren Antwortcharakter des Wortes". Denn das Wort, das aussagt, ist angewiesen auf eine Frage; Sprache ist das Hin und Her von Frage und Antwort.[83] Darum ist das Gespräch ein Dialog zwischen Interpret und Text, ein Dialog, der sich aus der „Vielheit der Worte" ergibt, auch ein Dialog derer, die sich gemeinsam um Verstehen bemühen. Gadamer stellt fest:

> „Das Gespräch ist ein Vorgang der Verständigung. So gehört zu jedem echten Gespräch, daß man auf den anderen eingeht, seine Gesichtspunkte wirklich gelten läßt und sich insofern in ihn versetzt, als man ihn zwar nicht als diese Indi-

82 Gadamer, Wahrheit und Methode I, 402.

83 Vgl. Grondin, Einführung, 56, 164–167: „Sprache aus dem Gespräch".

> viduaIität verstehen will, wohl aber das, was er sagt. Was es zu erfassen gilt, ist das *sachliche* Recht seiner Meinung, damit wir in der Sache miteinander einig werden können. Wir beziehen also seine Meinung nicht auf ihn, sondern auf das eigene Meinen und Vermeinen zurück.“[84]

Im Gespräch stellen wir die Aussagen zur Sache *in Frage*, um so der Sache näher zu kommen. Die Einheit der Sache und die Vielheit der Formen des äußeren Wortes haben „ein von Grund auf dialektisches Verhältnis. Die Dialektik dieses Verhältnisses beherrscht das ganze Wesen des Wortes.“[85] „Dialektik“ meint hier die geistige Bewegung des Dialogs. Die Vielheit der Worte, womit die *eine* Sache benannt wird, bedarf der (hermeneutischen) Auslegung, die sich als Dialog vollzieht – als Dialog mit dem Text und als Gespräch mit Anderen.

Ein Beispiel für die „Vielheit der Worte“ sehen wir mit unserem Thema, der Hermeneutik. Seit zweieinhalbtausend Jahren bemühen sich Denker, dem Phänomen des Verstehens und der Interpretation näher zu kommen – siehe unten unsere Tabelle „Hermeneutiker“ (Abb. 28). Jeder Hermeneutiker beleuchtet einen anderen Aspekt oder nimmt einen ganz neuen Standpunkt ein; dasselbe spiegelt sich beispielsweise auch in einer Literaturliste zur Hermeneutik wider; auch der Versuch in diesem Buch, Hermeneutik darzustellen, geht variierende Wege der Annäherung. Diese Unterschiede der Ansätze und Standpunkte haben zum einen etwas mit der *Sache* ‚Hermeneutik‘ zu tun, die unterschiedlich dargestellt werden kann und muss. Zum anderen ergeben sich die Unterschiede aber auch dadurch, dass diese Sache nicht still steht, sondern sich in einem *Prozess* befindet. Wenn dem *nicht* so wäre, bräuchte es gewissermaßen nur *ein* Buch, das ein für alle Mal feststellt, was Hermeneutik ist.

Die Rolle des Gesprächs angesichts des inneren und des äußeren Wortes veranschaulichen wir in einer Grafik (Abb. 21).

---

[84] Gadamer, Wahrheit und Methode I, 363, Hervorh. HD.

[85] Ebd., 403.

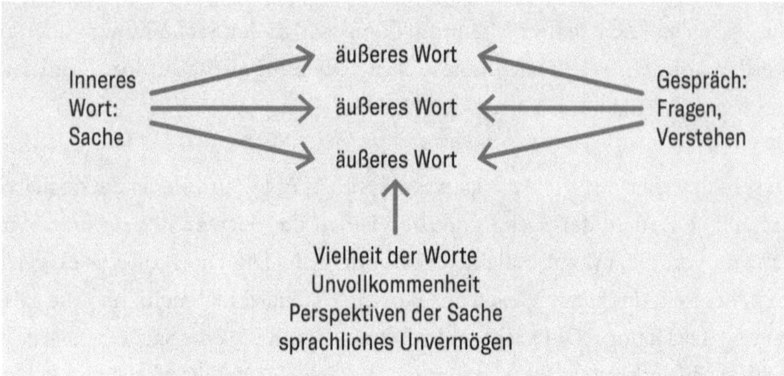

Abb. 21: Inneres Wort - Gespräch

4. Übersetzen als Modell der Hermeneutik

Als ich an dem Buch „Das Ende der Arroganz" arbeitete, hatte ich von vornherein die Absicht, es auf Deutsch und auf Englisch zu veröffentlichen. Denn dort geht es um das Zusammentreffen von Afrika und dem Westen und um ein gegenseitiges Verstehen; beide Seiten sollten erreicht werden.[86] Ich meinte, es wäre einfacher, wenn ich den Text erst auf Englisch schrieb. Das Übersetzen ins Deutsche sollte dann ein Leichtes sein. Das meinte ich. Oft verlief dann das Übersetzen tatsächlich ganz flüssig. Aber dann kam ich immer wieder an Stellen, wo dies geschah: Ich wusste natürlich, was ich auf Englisch gesagt hatte; mein Verständnis des Inhalts war mir vollkommen klar, es war ja meiner. Aber - ich stockte und wusste nicht, wie ich das nun auf *Deutsch* sagen sollte. Ich verstand; und mir fehlten die richtigen Formulierungen. Für mich ist das eine Erfahrung, die mich fragen lässt, was beim Übersetzen von einer Sprache in die andere geschieht. Was ist dieses ‚Übertragen' beim Übersetzen? Ich weiß, was ich sagen will, sagen muss, und ringe *erneut* um die angemessene Sprache. Gibt diese Erfahrung einen Hinweis auf das „innere Wort" - das in der einen Sprache so, in der anderen auf eine eigene Weise gesagt werden muss?

86 Danner, End of Arrogance, und: Das Ende der Arroganz.

Wenn wir verschiedene Übersetzungen desselben Textes vergleichen, stellen wir fest, dass jede auf ihre Weise ‚richtig', keine unbedingt ‚falsch' ist. Jede Übersetzung bedeutet eine *Annäherung* an den ursprünglichen Text. Zum Beispiel gibt es neue Übersetzungen von Shakespeare. Warum sind wir mit den guten Übertragungen von August Wilhelm Schlegel und Ludwig Tieck nicht mehr zufrieden? Warum braucht es eine ‚Modernisierung' der Sprache? Welche Übersetzung gibt Shakespeare besser wieder? Was heißt ‚besser'?

Offensichtlich lassen sich Sprachen nicht eins zu eins wiedergeben; der (englische) Text-Sinn kann und muss (im Deutschen) verschieden ausgedrückt werden. Beim Prozess des Übersetzens kann sich der ursprüngliche Text-Sinn etwas verändern. Weshalb ist das so? Die Veränderung hängt davon ab, was die deutsche *Sprache* ‚hergibt', das heißt auf welche Weise der Sachverhalt im Deutschen wiedergegeben werden kann, oder noch schwieriger: Welcher *Sachverhalt* im Deutschen entspricht einem Sachverhalt im Englischen? Offensichtlich repräsentiert jede Sprache eine eigene „Weltansicht", wie Humboldt sagt. Eine Sprache gehört zu der und in die Welt, in der sie gesprochen wird. Als etwas Lebendiges verändert sich Sprache *mit* ihrer Welt. Hinzukommt aber auch der Übersetzer als individueller Sprechender; auch er gestaltet die Formulierung eines übersetzten Textes aufgrund seines sachlichen Vorwissens und seiner Einstellung zur Sache.

Mit solchen Beobachtungen und Überlegungen zum Übersetzen bewegen wir uns inmitten *hermeneutischer* Fragen. Es verwundert darum kaum, wenn Gadamer sagt:

> „Wenn ein *Modell* die im Verstehen liegenden Spannungen wirklich illustrieren kann, so ist es das der *Übersetzung.* In ihr wird Fremdes als Fremdes zu eigen gemacht, d. h. aber nicht nur als das Fremde stehengelassen oder durch bloße Nachbildung seiner Fremdheit in der eigenen Sprache aufgebaut, sondern in ihr verschmelzen sich die Horizonte von Vergangenheit und Gegenwart in einer beständigen Bewegung, wie sie das Wesen des *Verstehens* ausmacht."[87]

[87] Gadamer, Wahrheit und Methode II, 436, Hervorh. HD. Zum Zusammenhang von Übersetzen, Gespräch und Sprachlichkeit bei Gadamer siehe ders., Wahrheit und Methode I, 361–366.

Der Vorgang des Übersetzens zeigt also auf, was beim Verstehen, bei einer hermeneutischen Interpretation geschieht. Das sprachlich und oft auch inhaltlich Fremde wird in die eigene Sprache herübergeholt. Auch bei der Interpretation eines nichtfremdsprachlichen Textes geht es zunächst überwiegend darum, den *Sinn* des *Inhalts* zu erfassen und in der Auslegung neu zu formulieren. Aber selbst dann muss oft auch die Sprache selbst geklärt werden: Was bedeuten die Worte, die Redewendungen? Das ist deutlich der Fall bei historischen Texten, aber auch bei zeitgenössischen, die etwa einem unvertrauten Fachgebiet angehören. Die historisch und fachlich geprägte Sprache muss in eine vertraute, verständliche übertragen werden. Gadamer spricht von der „Verschmelzung der Horizonte". Das betrifft nicht nur den Horizont, die „Weltansicht" der Vergangenheit und der Gegenwart, sondern auch die Eigentümlichkeit eines Fachgebietes. Beim Übersetzen muss vor allem auch der Horizont einer anderen *Kultur* berücksichtigt werden. Denn die fremde Sprache gehört einer fremden Kultur an. Die Aufgabe der Übersetzung wird umso anspruchsvoller, je fremder, je ferner die Kultur ist, der die Fremdsprache angehört. Auf die hermeneutische Bedeutung des Kulturabstandes im Unterschied zum Zeitenabstand kommen wir später noch zu sprechen[88]. Was sich ausdrücklich als ein Fremdes zeigt, begegnet uns auch – und vielleicht unbemerkt – in einem nichtfremdsprachlichen Text, der aus einer anderen Zeit oder einem unvertrauten Fachgebiet stammt. Darum kann Gadamer feststellen:

> „Das Beispiel des Übersetzers, der die Kluft der Sprachen zu überwinden hat, läßt die Wechselbeziehung besonders deutlich werden, die zwischen dem *Interpreten* und dem *Text* spielt und die der Wechselseitigkeit der Verständigung im *Gespräch* entspricht. Denn *jeder Übersetzer ist Interpret.* Die Fremdsprachlichkeit bedeutet nur einen gesteigerten Fall von hermeneutischer Schwierigkeit, d. h. von Fremdheit und Überwindung derselben. Fremd sind in dem gleichen, eindeutig bestimmten Sinne in Wahrheit alle ‚Gegenstände', mit denen es die traditionelle Hermeneutik zu tun hat. Die Nachbildungsaufgabe des Übersetzers ist nicht qualitativ, sondern nur graduell von der *allgemeinen hermeneutischen Aufgabe* verschieden, die jeder Text stellt."[89]

[88] Siehe V.2.

[89] Gadamer, Wahrheit und Methode I, 365, Hervorh. HD.

Der Übersetzer muss also den fremdsprachigen Text *interpretieren,* damit er ihn in einer anderen Sprache wiedergeben kann. Wir können den Satz „Jeder Übersetzer ist Interpret“ auch umkehren: Jeder Interpret ist Übersetzer. Nicht in eine fremde Sprache muss der Interpret übersetzen, aber doch in eine Sprache, die er selbst und seine Leser verstehen. Dabei findet ein „Gespräch“ statt zwischen Text und Interpret, ähnlich der Auseinandersetzung zwischen Gegenstand und Übersetzer. Der Bedeutung des Gesprächs sind wir bereits im Zusammenhang von „innerem“ und „äußeren Wort“ begegnet. Dort ging es darum, durch Aussagen und Fragen der Sache näherzukommen. Darum bemüht sich ein Gespräch. Der Austausch zwischen Text und Interpret - im „hermeneutischen Gespräch“ - kann sich als schwierig erweisen und eine ‚Übersetzung‘ erfordern. Nehmen wir als (historisches) Beispiel diesen Satz, der aus Kants Beitrag „Was ist Aufklärung?“ stammt:

> „So fern sich aber dieser Teil der Maschine zugleich als Glied eines ganzen gemeinen Wesens, ja sogar der Weltbürgergesellschaft ansieht, mithin in der Qualität eines Gelehrten, der sich an ein Publikum im eigentlichen Verstande durch Schriften wendet: kann er allerdings räsonnieren, ohne daß dadurch die Geschäfte leiden, zu denen er zum Teile als passives Glied angesetzt ist.“[90]

Zugegeben, dieser deutsche Satz ist nahezu unverständlich; er bedarf in der Tat einer ‚Übersetzung‘. Was meint Kant mit „Maschine“, mit „gemeinem Wesen“, „Weltbürgerschaft“, „Publikum im eigentlichen Verstande“, „Geschäfte“, „passives Glied“ …? Nicht nur einzelne Ausdrücke bedürfen einer Klärung, sondern auch der gesamte Kontext, in dem der Satz steht. Hier kommt es uns nicht auf eine ausführliche ‚Übersetzung‘ des Kant-Satzes an; was hier demonstriert werden soll, ist dies: Das Auslegen von nicht-fremdsprachlichen Texten kann einem Übersetzen aus einer Fremdsprache gleichkommen. Das besagt Gadamers These: dass das Übersetzen als ein Modell illustrieren kann, was beim Verstehen geschieht.

Gadamer erläutert seine These mit dem Bezug auf das *Gespräch.* Denn wie man sich im Gespräch um Verständigung bemüht, so bemüht sich der Übersetzer im Kompromiss seiner Übertragung um Verständigung. Das gemeinsame Medium für Gespräch und Übersetzung ist die *Sprache:*

---

[90] Kant, Was ist Aufklärung?, 56.

> „So wird der sprachliche Vorgang besonders aufschlußreich, in dem ein *Gespräch* in zwei einander fremden Sprachen durch *Übersetzung* und Übertragung ermöglicht wird. Der Übersetzer muß hier den zu verstehenden *Sinn* in den Zusammenhang hinübertragen, in dem der Partner des Gespräches lebt. Das heißt bekanntlich nicht, daß er den Sinn verfälschen darf, den der andere meinte. Der Sinn soll vielmehr erhalten bleiben, aber da er in einer *neuen Sprachwelt* verstanden werden soll, muß er in ihr auf neue Weise zur Geltung kommen. Jede Übersetzung ist daher schon Auslegung, ja man kann sagen, sie ist immer die Vollendung der *Auslegung*, die der Übersetzer dem ihm vorgegebenen Wort hat angedeihen lassen."[91]

Die Übersetzung basiert auf einem Gespräch, das zwischen zwei unterschiedlichen Sprachen geführt wird, aber auch: einem Gespräch, das zwischen verschiedenen *Kulturen* geführt wird. Dabei ist es notwendig, dass der *Sinn,* der in der einen Sprache zum Ausdruck kommt, auch in der anderen Sprache erhalten bleibt. Wir haben bereits gesehen, dass dies nicht immer ohne weiteres möglich ist, weil die Sache, von der die Rede ist, hier und dort nicht immer dieselbe ist, weil sich die Kulturen unterscheiden. Dennoch soll der Übersetzer den Sinn nicht verfälschen. Er muss sich bemühen, den ursprünglichen Sinn in der anderen Sprache verständlich zu machen. Darum spricht Gadamer in dem Zusammenhang von Gespräch und Übersetzen immer wieder von „Verständigung". Man muss sich über die verschiedenen Sprachen hinweg auf den Sinn der Sache verständigen. Der Übersetzer legt den Sinn, den er in der ursprünglichen Sprache erkennt und versteht, in der anderen Sprache aus. Übersetzen ist ein Auslegen – das Geschäft der Hermeneutik.

> „Der *Übersetzer* ist sich des notwendigen Abstandes vom Original oft schmerzlich bewußt. Sein Umgang mit dem Text hat selbst etwas von der Bemühung einer *Verständigung im Gespräch.* Nur daß die Situation hier die einer besonders mühsamen Verständigung ist, bei der man den Abstand der Gegenmeinung von seiner eigenen Meinung als letzten Endes unaufhebbar erkennt. Und wie im Gespräch, wo solche unaufhebbaren Differenzen bestehen, im Hin und Her einer Aussprache vielleicht ein Kompromiß gelingt, so wird auch der Übersetzer im

91 Gadamer, Wahrheit und Methode I, 361 f., Hervorh. HD.

> Hin und Her des Wägens und Erwägens die beste Lösung suchen, die immer nur ein Kompromiß sein kann."[92]

Ähnlich wie bei einem Gespräch, bei dem man feststellt, dass man den Anderen nicht vollkommen versteht, erfährt der Übersetzer ein Ungenügen, die ihm vertraute Sache in der anderen Sprache angemessen zu sagen. Er darf, er soll die Sache, die er vermitteln will, nicht verfälschen. Er wird verschiedene Möglichkeiten, ‚es richtig zu sagen', erwägen und die angemessenste als Kompromiss anbieten. Nochmals: Das ist die Möglichkeit bei einem Gespräch, bei dem man sich auf eine Lösung verständigt.

> „*Verständigung im Gespräch* schließt ein, daß die Partner für dieselbe bereit sind und versuchen, das Fremde und Gegnerische bei sich selber gelten zu lassen. Wenn das gegenseitig geschieht und jeder der Partner, indem er gleichzeitig seine eigenen Gründe festhält, die Gegengründe miterwägt, kann man schließlich in einer unmerklichen und unwillkürlichen Wechselübertragung der Gesichtspunkte [...] zu einer *gemeinsamen Sprache* und einem gemeinsamen Spruch gelangen. Genauso muß der Übersetzer das Recht seiner eignen Muttersprache, in die er übersetzt, selbst festhalten und doch das Fremde, ja selbst Gegnerische des Textes und seiner Ausdruckgebung bei sich gelten lassen."[93]

Hier spricht Gadamer etwas an, das über das bloße intellektuelle Verstehen hinausreicht. Denn er sagt, die Gesprächspartner müssen *bereit sein* zu einer Verständigung. Diese Bereitschaft könnte und sollte einschließen, dass das Unverstandene sozusagen auf eigene Rechnung geht; das Nicht-Verstehen ist nicht dem Partner anzulasten, sondern sich selbst. Das gilt auch für jede Text-Interpretation als eine ‚hermeneutische Regel'; denn wer vorschnell dem Autor eines Textes Falsches und Unlogisches unterstellt, verhindert sein eigenes Verstehen. Gadamer bringt hier aber etwas ins Spiel, was bei einer üblichen Textauslegung nicht geschieht, nämlich ein *gemeinsames* Abwägen und Austauschen von Gesichtspunkten. Bei der Interpretation eines Textes ist der Autor nicht anwesend; der Interpret ist auf dessen unveränderbaren Text angewiesen; der Autor kann ihn nicht zusätzlich erläutern,

---

92 Ebd., 364, Hervorh. HD.

93 Ebd., Hervorh. HD.

und es liegt am Interpreten, den Text ‚zum Sprechen zu bringen'. Die analoge Verständigung bei einer Übersetzung besteht darin, das Recht der Muttersprache nicht zu vernachlässigen und gleichzeitig das Fremde gelten zu lassen. In der Praxis kann das beispielsweise so aussehen, dass man dieselbe Sache in verschiedenen Formulierungen wiederzugeben versucht.

> „Selbst in solchen extremen Situationen, in denen von einer Sprache in eine andere übertragen werden soll, läßt sich die *Sache* von der *Sprache* kaum trennen. Nur ein solcher Übersetzer wird wahrhaft nachbilden, der die ihm durch den Text gezeigte Sache zur Sprache bringt, d. h. aber: eine Sprache findet, die nicht nur die seine, sondern auch die dem Original angemessene Sprache ist. Die Lage des *Übersetzers* und die Lage des *Interpreten* ist also im Grunde die gleiche."[94]

Gadamer hebt immer wieder den Bezug zur *Sache* hervor, zu jenem, worum es überhaupt geht. Das heißt, das Übersetzen ist nicht bloß eine Frage der *sprachlichen* Übertragung. Sich an der Sache zu orientieren, die in zwei verschiedenen Sprachen zur Sprache kommen soll, kann bedeuten, dass die Sprache, in die übertragen werden soll, versagt. Der Grund hierfür liegt in der Erfahrung, in der „Weltansicht", die einer Sprache zugrunde liegt. Inuit sollen vierzig verschiedene Worte für Schnee haben – wie gibt man das in einer anderen Sprache wieder? Ein anderes Problem der Übersetzung ergibt sich daraus, dass jede Sprache anders ‚denkt'. Wer eine Fremdsprache lernt, muss nicht nur Vokabeln lernen, sondern auch die besondere Grammatik und die Redewendungen. Letztere geben einen Hinweis darauf, wie eine Sprache ‚denkt'.[95] Gadamer kann also die Situation und Aufgabe eines Interpreten mit der eines Übersetzers gleichsetzen. Beide müssen sich an der Sache orientieren, von der die Rede ist. Wer weiß und verstanden hat, was Sache ist, muss sich um die angemessene Sprache bemühen – übersetzend und auslegend.

> „So wie der *Übersetzer* als Dolmetsch die Verständigung im *Gespräch* nur dadurch ermöglicht, daß er an der verhandelten *Sache* teilnimmt, so ist auch gegenüber dem *Text* die unentbehrliche Voraussetzung für den *Interpreten,* daß er an seinem Sinn teilnimmt. – Es ist also ganz berechtigt, von einem *herme-*

---

[94] Ebd. 364 f., Hervorh. HD.

[95] Vgl. Sartre, Das Sein und das Nichts, 649–655.

> *neutischen Gespräch* zu reden. Dann folgt daraus aber, daß das hermeneutische Gespräch sich wie das *wirkliche Gespräch* eine gemeinsame Sprache erarbeiten muß und daß diese Erarbeitung einer gemeinsamen Sprache […] mit dem Vollzug des Verstehens und der Verständigung selbst zusammenfällt."[96]

Gadamer hebt hier die Bedeutung der *Teilnahme* des Übersetzers an der Sache und des Interpreten am Sinn des Textes hervor. Die Teilnahme können wir als das Engagement verstehen, das dem abverlangt wird, der ernsthaft an einem Gespräch teilnehmen will. Wer nicht bei der Sache ist, kann nicht mitreden. Gadamer unterscheidet nun hier das „hermeneutische Gespräch" vom „wirklichen Gespräch". Dieses Gespräch, das zwischen anwesenden Personen sich ereignet, gibt die Struktur vor für das, was bei der hermeneutischen Auslegung geschieht. Es muss eine gemeinsame Sprache erarbeitet werden, die sich aus dem Verstehen des Textsinns ergibt; dieses Verstehen ist mehr als die individuelle Meinung des Interpreten; es ist „Verständigung", bei der der Autor des Textes gehört wird und ‚mitredet'. Das „hermeneutische Gespräch" lässt Autor *und* Interpret eines Textes zu Wort kommen.

> „Das bedeutet aber, daß die eigenen Gedanken des Interpreten in die Wiedererweckung des *Textsinnes* immer schon mit eingegangen sind. Insofern ist der eigene *Horizont des Interpreten* bestimmend, aber auch er nicht wie ein eigener Standpunkt, den man festhält oder durchsetzt, sondern mehr wie eine Meinung und Möglichkeit, die man ins *Spiel* bringt und aufs Spiel setzt und die mit dazu hilft, sich wahrhaft anzueignen, was in dem Texte gesagt ist. Wir haben das […] als Horizontverschmelzung beschrieben. Wir erkennen darin jetzt *die Vollzugsform des Gesprächs,* in welchem eine Sache zum Ausdruck kommt, die nicht nur meine oder die meines Autors, sondern eine *gemeinsame Sache* ist."[97]

Die Auslegung eines Textes braucht die aktive Mitwirkung des Interpreten. Er muss sein Verständnis von der in Frage stehenden Sache einbringen. Er interpretiert angesichts seines ‚Backgrounds'. Aber das soll nicht selbstgerecht und besserwissend geschehen, sondern spielerisch. Es ist ein Hin- und Hergehen zwischen dem, was der Text sagt, und dem, wie der Interpret ihn versteht. Wie bei einem Gespräch

---

96 Gadamer, Wahrheit und Methode I, 365, Hervorh. zum Teil HD.

97 Ebd. 366, Hervorh. zum Teil HD.

‚horcht' der Interpret auf das, was der Autor des Textes zu meinen scheint. Dadurch wird die verhandelte Sache zu einer *gemeinsamen*. Das hermeneutische Gespräch will *Verständigung* erreichen: ein gemeinsames Verstehen.

Wir können zusammenfassend festhalten: Übersetzen als Modell der Hermeneutik geschieht im Medium der Sprache wie ein Gespräch. Gadamer beschreibt mit dem Vorgang des Übersetzens, des Gesprächs, der Auslegung und des Verstehens die zentrale Bedeutung der *Sprache*. Denn die Sprache ist „das universale Medium, in dem sich das Verstehen selber vollzieht. Die Vollzugsweise des Verstehens ist die Auslegung."[98] Das heißt nun aber auch: Hermeneutisches Verstehen und Auslegen ist kein gehaltloses Phantasieren; es geschieht *als sprachlicher* Vorgang; es ist an Sprachlichkeit gebunden. Darum überschreibt Gadamer den Abschnitt, der vom Übersetzen und dessen Erläuterung durch das Gespräch handelt: „Sprache als Medium hermeneutischer Erfahrung."[99] Und darum kann auch Schleiermacher sagen: „Alles Vorauszusetzende in der Hermeneutik ist nur Sprache."[100]

5. Der hermeneutische Zirkel

Hermeneutik bemüht sich, die Erkenntnisweise des Verstehens aufzuzeigen. Was verstanden wird, ist sprachlich Sinnhaftes und sachlich Sinnvolles. Was dem Sprachlichen und allem Sinn-Verstehen vorausgeht, kann mit Augustinus als „inneres Wort" benannt werden. Am Beispiel des Übersetzers und des Gesprächs veranschaulicht Gadamer, wie sich das Sinnverstehen dem „inneren Wort" annähert, wie sich im Gesagten das Gemeinte zeigt.

Dieser Vorgang der verstehenden Annäherung geschieht nun nicht als ein Fortschreiten von einem Wissensbaustein zum nächsten als „a + b + c + …". Verstehen ist keine sukzessive, geradlinige Addition von Wissenselementen. Es kann eher als ein Hin- und Hergehen beschrieben werden, als ein Ausgehen von dem, was man kennt und weiß, zu dem, was man verstehen möchte und in groben Zügen versteht, und ein Zurückkehren zum vorläufigen eigenen Verständnis, um von hier aus er-

---

98 Ebd.

99 Ebd. 361 ff. Siehe hierzu auch Gadamer, Wahrheit und Methode II, 184–198: „Sprache und Verstehen".

100 Siehe Röska-Hardy, „Alles in der Hermeneutik vorauszusetzende […]".

neut zu versuchen, den Text, die fragliche Sache, in verändertem Licht wahrzunehmen. Diese Bewegung kann als hermeneutischer Zirkel veranschaulicht werden, der sich zwischen Vorverständnis und Textverständnis hin- und herbewegt (Abb. 22).

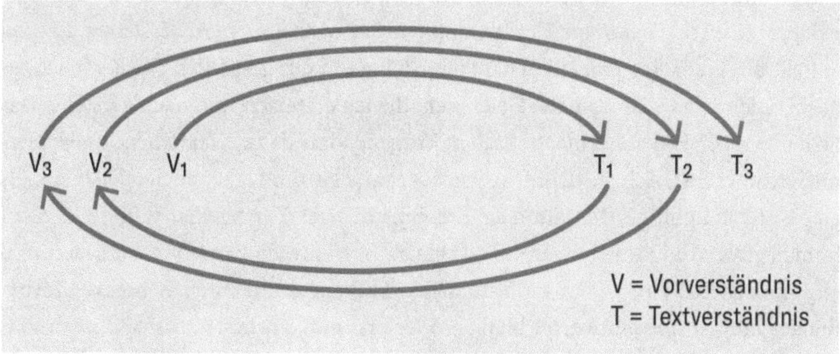

Abb. 22: Zirkel: Vorverständnis – Text

Was ereignet sich hier genauer besehen? Weshalb kann man von einem ‚Zirkel' sprechen? Nehmen wir wieder als Beispiel Kants „Beantwortung der Frage: Was ist Aufklärung?". Bevor wir den Text lesen, weckt diese Überschrift bestimmte Assoziationen. „Aufklärung" kann für jeden Vielerlei und Verschiedenes bedeuten. Etwa: Man möchte über einen bestimmten Vorgang informiert werden; die Polizei klärt ein Verbrechen auf; es gibt eine historische Periode, die mit Aufklärung benannt wird. Die Tatsache, dass jener Text von dem Philosophen Kant stammt, der vor etwa 200 Jahren gelebt und gewirkt hat, lenkt unsere Erwartung bereits in eine bestimmte Richtung. Wir erwarten eine philosophische Aussage. Was versteht Kant unter Aufklärung; was hat er dazu zu sagen?

Sobald wir zu lesen anfangen, muss sich unser *Vorverständnis* an dem messen, was der Text uns sagen kann, was er zu sagen hat oder noch genauer: wie wir den Text zunächst verstehen. Vorverständnis besagt, wie *wir* die Sache (Aufklärung) vorläufig verstehen; das Textverständnis enthält, was wir uns zunächst von Kant über die Sache sagen lassen. Das Entscheidende hierbei ist nun, dass sich beim aufmerksamen Lesen unser ursprüngliches Verständnis von Aufklärung *verändert,* eine neue Richtung erhält, vielleicht dem widerspricht, was wir zunächst gemeint haben; es wird reicher, neue Fragen werden angeregt. Unser ursprüngliches Vorverständnis einerseits und unser vorläufiges Textverständnis andererseits werden korrigiert, erweitert, bereichert. Das Textverständnis korrigiert das Vorverständnis; das veränderte Vorverständnis ermöglicht ein besseres Textverständnis. Beispielsweise habe ich Gadamers „Wahrheit und Methode“ schon vor langer Zeit angefangen zu studieren, und bei jeder Rückkehr zu diesem Werk entdecke ich neue Aspekte, meine ich, Gadamers Hermeneutik besser, auch anders zu verstehen. Ebenso enthält ein guter Roman, ein gehaltvoller Film, ein gut gespieltes Theaterstück zunächst nicht wahrgenommene Gedanken, die ich erst nach und nach verstehe. Das bedeutet nun für den hermeneutischen Vorgang, dass das zu Verstehende gewissermaßen anwächst, sich ausdehnt, an Tiefenschärfe gewinnt, aber auch *offen* bleibt. Es gibt keine endgültige Definition als Ergebnis unseres Verstehens, zumindest nicht immer, etwa: Aufklärung nach Kant ist gleich ... Natürlich verstehen wir besser und angemessener, wenn wir uns mit dem Text und der Sache intensiv befassen. Aber Fragen mögen unbeantwortet bleiben oder erst aufkommen – zum Beispiel: Was heißt Kants Verständnis von Aufklärung für uns *heute?* Haben sich die Voraussetzungen, von denen Kant ausgeht, nicht geändert?

Gadamer sagt, jedes Verstehen sei ein Anders-Verstehen:

> „Nicht nur gelegentlich, sondern immer übertrifft der Sinn eines Textes seinen Autor. Daher ist *Verstehen* kein nur reproduktives, sondern stets auch ein *produktives* Verhalten. [...] Verstehen ist in Wahrheit kein Besserverstehen, weder im Sinne des sachlichen Besserwissens durch deutlichere Begriffe, noch im Sinne der grundsätzlichen Überlegenheit, die das Bewußte über das Unbewußte der Produktion besitzt. Es genügt zu sagen, daß man *anders* versteht, *wenn man überhaupt versteht.*“[101]

Was soll nun die Rede vom *Zirkel?* Schleiermacher, ein wichtiger Vertreter der hermeneutischen Theorie, macht zu Beginn seiner Vorlesung von 1826 über Erziehung diese Feststellung: „Was man im Allgemeinen unter Erziehung versteht, ist als bekannt vorauszusetzen.“[102] Klingt das nicht absurd? Denn die Vorlesung soll ja gerade erst zeigen, was Erziehung ist. Doch Schleiermachers Bemerkung kennzeichnet die hermeneutische Situation: Alles Verstehen muss von einem Vorwissen, einem vorläufigen Verständnis, einer Vormeinung ausgehen,

[101] Gadamer, Wahrheit und Methode I, 280, Hervorh. zum Teil HD.

[102] Schleiermacher, Pädagogische Schriften, 7.

in diesem Fall von einem noch so vagen Begriff von Erziehung. Das ist nun in logischer Hinsicht paradox; denn streng logisch darf das Aufzuzeigende, das zu Beweisende nicht in den Voraussetzungen enthalten sein. Doch in hermeneutischer Hinsicht muss von einem *vorhandenen* Wissen ausgegangen werden. Wie Schleiermachers Feststellung zeigt, muss in gewisser Hinsicht vorausgesetzt werden, wovon erst die Rede sein soll, nämlich ‚Erziehung'. Das nun kann im Sinne der Logik als ‚Zirkel' bezeichnet werden. Aber, hermeneutisch liegt kein circulus vitiosus, kein Zirkelschluss, vor. Denn hermeneutisches Verstehen ist kein Beweisvorgang.

Man kann darüber streiten, ob der Begriff ‚Zirkel' überhaupt angemessen ist, weil der hermeneutische Zirkel ja nicht als ein Zirkelschluss in sich kreist, und es wurde vorgeschlagen, von „hermeneutischer Spirale" zu sprechen. Letzteres wäre berechtigt, wenn man die graphische Figur zugrundelegt, die sich, wie oben gezeigt, ergibt (Abb. 22). Auch die Beschreibung des ‚Hin- und Hergehens', die Schleiermacher gebraucht, trifft die gedankliche Bewegung. Doch nehmen wir den ‚hermeneutischen Zirkel' als einen *bildhaften* Versuch, etwas zu versinnbildlichen, was sich anders der Anschauung entzieht – ähnlich wie das „innere Wort" bei Augustinus oder das „schwarze Loch" in der Astronomie.

Es dürfte sekundär sein, wie wir diesen hermeneutischen Vorgang beschreiben – als ein Hin- und Hergehen, eine hermeneutische Spirale oder als einen hermeneutischen Zirkel. Entscheidend ist wohl, was *geschieht,* wenn wir uns bemühen zu verstehen, etwa wenn wir einen Text interpretieren. Wir gehen von einem vagen Wissen, von einer Meinung aus, die wir von der in Frage stehenden Sache haben. Wir wollen verstehen, was der Autor dazu sagt. Wir verstehen seinen Text in einer vorläufigen Weise. Dies korrigiert, revidiert unser Vorverständnis und unsere Meinung von der Sache, wie der Autor sie darstellt. Mit dem revidierten Vorverständnis wenden wir uns interpretierend wieder dem Text zu. Dies veranschaulichen wir mit einer Grafik, die die vorherige etwas ergänzt (Abb. 23).

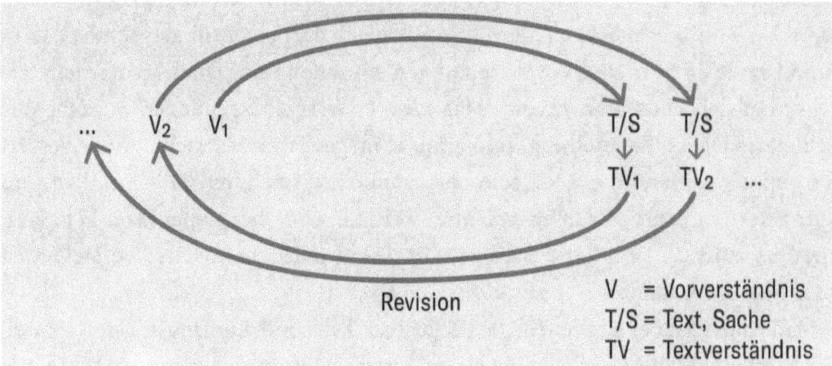

Abb. 23: Zirkel: Vorverständnis – Text – Textverständnis

Zwei Beobachtungen stellen sich bei diesem Verstehensprozess ein: Der Text und die dargestellte Sache selbst bleiben von meinem Verständnis (zunächst) unberührt; mein Vorverständnis kann falsch, teilweise oder annähernd adäquat sein. Ich muss mir sozusagen den Kopf an dem Text und der darin dargestellten Sache zerbrechen und mich dem so weit wie möglich annähern. So zu verfahren ist – im Sinne einer hermeneutischen Regel – richtig und erforderlich. Erst muss ich verstanden haben, was der Autor sagt. Dann – sollte ich den Text wirklich angemessen verstehen – tritt eine andere Frage auf, nämlich, ob ich die Sache so sehen und beurteilen kann und will wie der Autor. Hier überschreiten wir wohl den Rahmen der Hermeneutik, bei der es darum geht, das Gemeinte im Gesagten zu verstehen. Die Diskussion und Beurteilung der Sache selbst steht auf einem anderen Blatt. Allerdings spielen dann auch Aspekte eine Rolle, die Gadamer mit „Wirkungsgeschichte" oder mit „Zeitenabstand" bezeichnet oder die wir mit „Kulturabstand" benennen können[103]. Denn ob beispielsweise eine Strafe als ‚gerecht' gelten kann, beantwortet sich angesichts der heutigen und hiesigen Situation anders als im historischen oder kulturellen Kontext.

Wenden wir uns wieder dem Hin- und Hergehen des hermeneutischen Zirkels zu. Was macht das Antreibende dieser Bewegung aus? Da sind zum einen die Voraussetzungen aufseiten des Interpreten, dann dessen Sinnerwartung und schließ-

[103] Siehe unten IV.4 und V.2.

lich die Sache und der zu verstehende Sinn selbst, die durch den Text zur Sprache kommen.

Der Interpret bringt ein Wissen von der in Frage stehenden Sache mit. Wie wir gesehen haben, kann dieses Wissen sehr vage, im Hinblick auf das vom Autor Vorgebrachte sogar falsch sein. Aber immer geht der Interpret von einem Vorverständnis auf einen Text, auf eine zu verstehende Sache zu. Das mag auch nicht mehr als eine bloße Meinung sein. Wichtig im hermeneutischen Vorgang ist, dass es nicht beim Vorwissen und vor allem bei der vorläufigen Meinung bleibt (Abb. 24).

Abb. 24: Voraussetzungen – Sinnerwartung – Sache

„Wer verstehen will, wird sich der Zufälligkeit der eigenen *Vormeinung* von vornherein nicht überlassen, um an der Meinung des Textes so konsequent und hartnäckig wie möglich vorbeizuhören – bis etwa diese unüberhörbar wird und das vermeintliche Verständnis umstößt. Wer einen Text verstehen will, ist vielmehr bereit, sich von ihm etwas *sagen zu lassen*. Daher muß ein hermeneutisch geschultes Bewußtsein für die Andersheit des Textes von vornherein empfänglich sein. Solche Empfänglichkeit setzt aber weder sachliche ‚Neutralität' noch gar Selbstauslöschung voraus, sondern schließt die abhebbare Aneignung der eigenen Vormeinungen und Vorurteile ein. Es gilt, der eigenen Voreingenommenheit inne zu sein, damit sich der Text selbst in seiner Andersheit darstellt

> und derart in die Möglichkeit kommt, seine sachliche Wahrheit gegen die eigene Vormeinung auszuspielen."[104]

Hier spricht Gadamer wieder eine Bereitschaft, eine hermeneutische Haltung an, die für das Verstehen erforderlich ist. Man muss sich vom Autor etwas *sagen lassen.* Man muss bereit sein zu akzeptieren, dass die Sache anders ist, anders erscheint, als erwartet und vielleicht gewohnt. Man muss „für die Andersheit des Textes empfänglich sein". Aber das hat nicht zu bedeuten, dass man zu der in Frage stehenden Sache keine eigene Meinung haben darf. Im Gegenteil, die Sicht, die im Text vertreten wird, soll sich dadurch erst deutlich zeigen. Das Wissen, das man von der Sache einbringt, das eigene Vorverständnis von ihr, die Meinung, die man von ihr hat, gehen in die Interpretation als notwendige Voraussetzungen ein. Sie dürfen nur nicht den Autor gewissermaßen mundtot machen. Notwendig ist, dass dessen Darstellung der Sache deutlich zu Wort kommt und sich abhebt von der eigenen Meinung.

> „Alle rechte Auslegung muß sich gegen die *Willkür* von Einfällen und die Beschränktheit unmerklicher Denkgewohnheiten abschirmen und den Blick ‚auf die *Sachen* selber' richten [...] Sich dergestalt von der Sache bestimmen lassen, ist für den Interpreten offenkundig nicht ein einmaliger ‚braver' Entschluß, sondern wirklich ‚die erste, ständige und letzte Aufgabe'. Denn es gilt, den Blick auf die Sache durch die ganze Beirrung hindurch festzuhalten, die den Ausleger unterwegs ständig von ihm selbst her anfällt."[105]

Das Entscheidende bei diesem ‚Gespräch' zwischen Autor und Interpret liegt darin, dass nicht primär ihre Meinungen ausgetauscht werden und dass nicht womöglich der Interpret auf seiner Meinung beharrt. Vielmehr muss die *Sache* selbst im Zentrum stehen; willkürliche Meinungen sind zu vermeiden. Diese Willkür kann aus bloßen Einfällen und unreflektierten Denkgewohnheiten stammen. Im Vorgang der Auslegung befindet sich der Interpret ständig in der Gefahr, sich selbst zu beirren und zu verwirren. Seine Aufgabe besteht darin, sich einzig von der Sache leiten zu lassen. Denn: „Verstehen heißt primär: sich in der *Sache* verstehen, und

---

104 Gadamer, Wahrheit und Methode II, 60 f., Hervorh. HD.

105 Ebd., 59, Hervorh. HD.

erst sekundär: die Meinung des anderen als solche abheben und verstehen. Die erste aller hermeneutischen Bedingungen bleibt somit das Sachverständnis, das Zu-tun-haben mit der gleichen Sache."[106] Verstehen bedeutet die *Annäherung* an die Sache, an das, was in Frage steht; und diese Annäherung geschieht als ein zirkuläres Hin- und Hergehen.

Unsere Frage war: Was ist das Antreibende des Verstehens? Was hält den hermeneutischen Zirkel in Bewegung? Zunächst haben wir die Voraussetzungen benannt, das Vorwissen, die Vormeinung. Doch Verstehen wird erst in Gang gesetzt durch eine *Sinn-Erwartung.* Wir können uns hier an ein Zitat erinnern, bei dem Gadamer von dieser Sinn-Erwartung spricht, nämlich: „Wer einen Text verstehen will, vollzieht immer ein *Entwerfen.* Er wirft sich einen Sinn des Ganzen voraus, sobald sich ein erster Sinn im Text zeigt."[107] Man liest einen Text mit gewissen Erwartungen; diese richten sich auf einen Sinn, von dem der Text spricht. Die Erwartung kann falsch sein oder nur teilweise zutreffen. Aber das Antreibende des Verstehens bleibt ein Verstehen-Wollen, eine Vorwegnahme von Sinn.[108] Für unser obiges Beispiel heißt das: Was versteht Kant unter Aufklärung? Diese Frage möchten wir beantworten. Nach Gadamer ist Verstehen das Ausarbeiten eines *Vorentwurfs;* dieser wird beständig revidiert durch die Annäherung an den im Text gemeinten Sinn. Der Vorentwurf ist Ausdruck einer Sinnerwartung. Die Revision des Vorentwurfs kann einen neuen, veränderten Entwurf zur Folge haben, auch dass sich rivalisierende Entwürfe ergeben; die Begriffe der Auslegung müssen ebenfalls revidiert werden. ‚Entwurf' meint: ich verstehe den Text vorerst auf diese Weise. Der Prozess des Verstehens besteht darin, den Entwurf von der in Frage stehenden Sache korrigieren zu lassen.

Neben dem Vorentwurf, der das Verstehen leiten soll, spielt auch das *‚Vorurteil'* eine Rolle beim Verstehen. Wichtig ist hierbei, dass Vorurteile bewusst gemacht werden. „Es sind die undurchschauten Vorurteile, deren Herrschaft uns gegen die in der Überlieferung sprechende Sache taub machen." Gadamer weist darauf hin, dass Vorurteile positiv und negativ sein können. „‚Vorurteil' heißt also durchaus nicht: falsches Urteil, sondern in seinem Begriff liegt, daß es positiv und negativ

106 Ebd., 62, Hervorh. HD.

107 Ebd., 59 f., Hervorh. HD.

108 Ebd., 57–65; siehe auch Gadamer, Wahrheit und Methode I, 250–269.

gewertet werden kann." Die wesenhafte Vorurteilshaftigkeit alles Verstehens muss anerkannt werden.[109]

Aber wann ist ein Vorurteil als positiv, wann als negativ zu beurteilen? Gadamer stellt eine „Diskreditierung des Vorurteils durch die Aufklärung" fest.[110] Diese besteht darin, dass nicht einer überlieferten Ansicht oder Lehre gefolgt werden darf, sondern dass vielmehr die *Vernunft* die letzte Quelle aller Autorität sein muss. Als einen Beleg hierfür können wir die Lehre von der Rotation der Sonne um die Erde anführen. Mit Bezug auf Aristoteles und auf die Bibel wurde diese Lehre von der katholischen Kirche als astronomische Wahrheit vertreten. Weil Galilei seine Beobachtungen und seine von Vernunft geleiteten Überlegungen dieser Lehre entgegengesetzt hatte, wurde er vor die Inquisition zitiert; zum Glück wurde er dann 1633 nur zu Widerruf und Hausarrest verurteilt; Folter und Tod wurden ihm erspart.[111] Beispiele dieser Art machen die allgemeine Haltung der Vertreter der Aufklärung verständlich, keine Autorität zu akzeptieren, sondern Vernunft als letzte Instanz entscheiden zu lassen. Es wurde unterschieden zwischen Vorurteilen aufgrund von Autorität oder von Übereilung – man übernimmt eine Ansicht, weil sie von einer Autorität stammt, oder man denkt nur oberflächlich.[112] Auf jeden Fall soll eine Überlieferung nicht wegen einer Autorität wahr sein, sondern aufgrund einer eigenständigen Einsicht, die sich auf Vernunft beruft.

Gadamer sieht aber nun auch einen *legitimen* Grund, sich auf Autorität zu berufen:

> „Der von der Aufklärung in Anspruch genommene Gegensatz von Autoritätsglaube und Gebrauch der eigenen Vernunft besteht an sich zu Recht. Sofern die Geltung der Autorität an die Stelle des eigenen Urteils tritt, ist Autorität in der Tat eine Quelle von Vorurteilen. Aber daß sie auch eine *Wahrheitsquelle* sein kann, ist damit nicht ausgeschlossen, und das hat die Aufklärung verkannt, als sie schlechthin alle Autorität diffamierte."[113]

[109] Gadamer, Wahrheit und Methode I, 254 f., Hervorh. HD.

[110] Ebd., 256–261.

[111] Siehe Danner, Das Ende der Arroganz, 136–142.

[112] Vgl. Schleiermacher, Hermeneutik und Kritik, 93.

[113] Gadamer, Wahrheit und Methode I, 263.

Vorurteil und Autorität

Position der Aufklärung:

negative Autorität
negatives Vorurteil

Autorität anstelle des eigenen Urteils

blinder Gehorsam gegenüber Autorität anstatt Vernunft

Gadamer:

positive Autorität
positives Vorurteil

Autorität als Wahrheitsquelle

Anerkennung der Erkenntnis der Autorität

Autorität durch Tradition, Tradition als Bewahrung

Bewahrung aufgrund Freiheit und Vernunft

Abb. 25: Vorurteil und Autorität[114]

Wie kann Autorität eine „Wahrheitsquelle" sein? Gadamer argumentiert, dass Autorität zunächst nichts mit Gehorsam und Unterwerfung zu tun hat. Vielmehr hat Autorität ihren letzten Grund „in einem Akt der Anerkennung und der Erkenntnis – der Erkenntnis nämlich, daß der andere einem an Urteil und Einsicht überlegen ist und daß daher sein Urteil vorgeht"[115]. Damit beruht nun das Anerkennen von Autorität nicht auf Unterwerfung und Gehorsam, sondern auf *Erkenntnis.* Denn die „Anerkennung von Autorität [ist] immer mit dem Gedanken verbunden, daß das, was die Autorität sagt, nicht unvernünftige Willkür ist, sondern im Prinzip eingesehen werden kann."[116] Gadamer stellt darüber hinaus einen Zusammenhang des positiven Vorurteils und der legitimen Autorität mit der Tradition her, die „der Bejahung, der Ergreifung und der Pflege", somit der Bewahrung bedarf. „Bewahrung aber ist eine Tat der Vernunft"[117] (Abb. 25).

---

114 Ebd., 263–266.

115 Ebd.

116 Ebd., 264.

117 Ebd., 264 f.

Ein ‚Vorurteil' ist als Wahrheitsquelle positiv zu beurteilen, wenn es mit Vernunftgründen anerkannt werden kann. Das legitime, positive Vorurteil kann im Sinne eines hermeneutischen Zirkels in Beziehung gesetzt werden zum sachbezogenen Textsinn. Ein negatives Vorurteil, das in seiner Meinung feststeht und sich nicht korrigieren lässt, ergäbe einen geschlossenen Kreis, einen circulus vitiosus (Abb. 26).

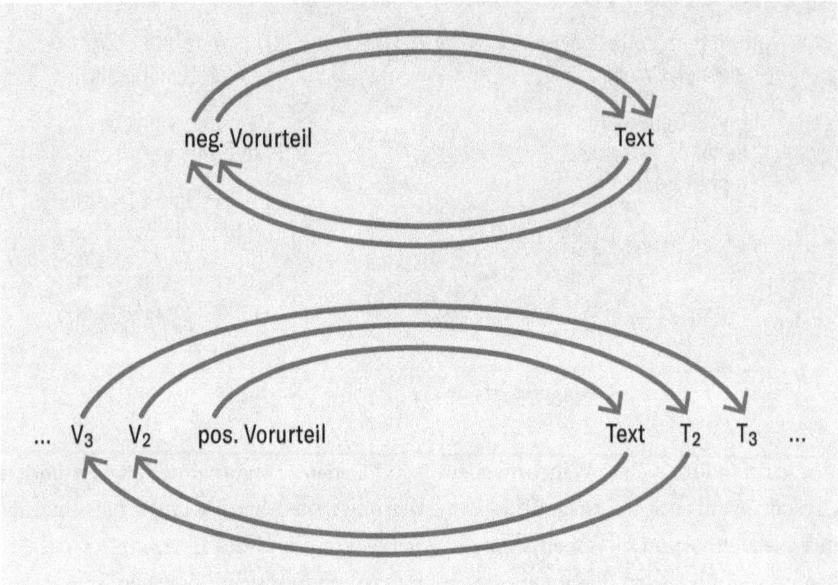

Abb. 26: Negatives und positives Vorurteil

Wir bemühen uns zu erkennen, was in das Verstehen *eingeht,* was beim Verstehen *geschieht,* und zu beschreiben, wie das Verstehen *zirkulär* verläuft. Wer einen Text interpretieren will, geht von Voraussetzungen aus, von seinem Vorwissen, seiner Vormeinung zur Sache, seinem Vorverständnis. Er hat eine Sinnerwartung an den Text, indem er einen Sinn im Hinblick auf die zu verstehende Sache vorauswirft. Zudem bringt er, wie Gadamer zeigt, ein positives Vorurteil ein und übernimmt eine vorgegebene Einsicht im Hinblick auf die zu verstehende Sache.

Gadamer verweist nun noch auf einen weiteren Aspekt, der mit der Sinnerwartung in Verbindung steht, nämlich auf die *Anwendung.*[118] Diese ist „ein ebenso inte-

[118] Ebd., 290–295.

grierender Bestandteil des hermeneutischen Vorgangs [...] wie Verstehen und Auslegen". Verstehen, Auslegen und Anwendung gehören zusammen, sie bedingen sich gegenseitig. Das bedeutet für die Anwendung, dass sie nicht ein Nachträgliches ist, was etwa bei einem Kochrezept geschieht: Es erklärt, welche Zutaten man braucht, wie man diese zubereitet, wie man sie nacheinander vermengt und erhitzt usw.; man liest das, und *dann* setzt man das praktisch um. Die hermeneutisch gemeinte Anwendung ist jedoch ein Aspekt des *Verstehens*. Ich verstehe, indem ich anwende.

Schon für Auslegen und Verstehen gilt: „Auslegung ist nicht ein zum Verstehen nachträglich und gelegentlich hinzukommender Akt, sondern Verstehen ist immer Auslegung, und Auslegung ist daher die explizite Form des Verstehens."[119] So gilt auch etwa für einen Übersetzer, dass er „nicht die Aufgabe einer bloßen Wiedergabe dessen, was der Verhandlungspartner, den er verdolmetscht, wirklich gesagt hat, sondern er muß dessen Meinung so zur Geltung bringen, wie es ihm aus der echten Gesprächssituation nötig scheint, in der er sich als der Kenner beider Verhandlungssprachen allein befindet"[120]. Das heißt, der Übersetzer wendet den Sinn des Gesagten auf den anderen Sprachkontext an. Ebenso wird ein juristischer Text, ein Gesetz, nicht historisch verstanden – als ein Dokument aus einer früheren Zeit –, sondern er „soll sich in seiner Rechtsgeltung durch die Auslegung *konkretisieren*". Wenn ein Gesetz „angemessen verstanden werden soll", dann muss es seinem Anspruch entsprechend „in jedem Augenblick, d. h. in jeder konkreten Situation, neu und anders verstanden werden. Verstehen ist hier immer schon Anwenden."[121] Und das Anwenden in diesem Fall bekräftigt, was Gadamer erneut hervorhebt: Verstehen ist immer ein Anders-Verstehen.

Wichtig ist nun auch hier, dass das Anwenden, das in den Vorgang des Verstehens eingeht, ja, dieses erst ermöglicht, kein gesonderter Vorgang ist: Die „Erkenntnis des Sinns eines Rechtstextes und die Anwendung desselben auf den konkreten Rechtsfall [sind] nicht zwei getrennte Akte [...], sondern ein einheitlicher Vorgang"[122] Auslegen und Verstehen nicht nur eines Rechtstextes werden geleitet von dem *Hinblick auf* die gegenwärtige Situation, auf eine konkrete Umsetzung. „Der Sinn des Gesetzes, der sich in seiner normativen Anwendung beweist, ist nichts prinzipiell anderes

[119] Ebd., 291.

[120] Ebd., 292.

[121] Ebd.

[122] Ebd., 293.

als der Sinn der Sache, die sich im Verstehen eines Textes zur Geltung bringt."[123] Das heißt, der Hinweis auf die anwendende Konkretisierung eines Gesetzes meint die *allgemeine* Situation des Verstehens: nämlich wie jeder Text mit Blick auf seine Anwendung verstanden werden muss. Dieser Aspekt der Anwendung ist darum auch aktuell und brisant in der gegenwärtigen Corona-Krise: Was bedeuten all die angeordneten Restriktionen? Darf man bestimmte Gruppen einem erhöhten Risiko aussetzen? Oder darf man bestimmte Wirtschaftszweige dem Ruin ausliefern? Natürlich führt anwendendes Verstehen auch in Entscheidungskonflikte.

Der *hermeneutische* Sinn der Anwendung zeigt sich deutlich, wenn wir ihn dem herkömmlichen Wortsinn gegenüberstellen. Wir verstehen ‚Anwendung' normalerweise so, dass das im Text Gesagte auf eine Situation übertragen, das heißt angewendet wird – Beispiel Kochrezept. Das im Text Gesagte soll praktisch umgesetzt werden; der Text gibt vor, wie eine Situation gestaltet werden muss. Im *hermeneutischen* Sinn hilft vielmehr die Situation bei der Auslegung des Textes: Wie ist der Text zu verstehen angesichts einer bestimmten Situation? Die Situation zeigt an, wie der Text verstanden werden muss.[124]

Kehren wir zurück zur Figur des *hermeneutischen Zirkels*. Was hat all das Vorhergehende damit zu tun? Haben wir nicht den hermeneutischen Zirkel aus den Augen verloren? Nun, was sich als ein Hin- und Hergehen oder als zirkulare Bewegung darstellen lässt, wird von mehreren Momenten bestimmt, die erst den *Inhalt* des Zirkels ausmachen:

Das sind auf der Seite des Interpreten dessen *Voraussetzungen*, die er einbringt – was er weiß, wie er die in Frage stehende Sache versteht, welche Meinung er dazu hat. Diese Voraussetzungen tragen zu seinem Verstehen, zu der „Teilhabe am gemeinsamen Sinn"[125], bei. Hierin unterscheiden sich Geisteswissenschaften von streng empirisch orientierten Wissenschaften. Denn letztere gehen von einer Voraussetzungslosigkeit des Forschers aus, das heißt seine subjektiven Voraussetzungen dürfen das Ergebnis nicht beeinträchtigen.

Der Interpret lässt sich von *Sinnerwartungen* leiten in der Form, dass er den Sinn der zu verstehenden Sache vorauswirft, also einen Sinn-Entwurf einbringt, dass er

---

[123] Ebd., 294.

[124] Zur „Anwendung" bei Gadamer siehe auch Danner, Methoden, 84–91.

[125] Gadamer, Wahrheit und Methode II, 58.

einem Vorurteil folgt und dass er eine konkrete Situation im Hinblick auf das zu Verstehende anwendet. Entwurf, Vorurteil und Anwendung geben dem Verstehen eine Richtung vor; sie bestimmen das Woraufhin des Verstehens; sie können auch als Fragen formuliert sein.

Den Voraussetzungen des Interpreten und seinen Sinnerwartungen stehen die zu verstehende *Sache* und der *Text-Sinn* als Herausforderung gegenüber. Daran müssen seine Voraussetzungen und Sinnerwartungen sich messen, bewähren und verändern.

Bei aller anfänglichen Differenz zwischen Interpret und Autor, zwischen Text-Verständnis und Text-Sinn, muss von deren *Gemeinsamkeit* ausgegangen werden. Diese ist gegeben mit der in Frage stehenden Sache, mit der gemeinsamen Sprache und nicht zuletzt mit gemeinsamen kulturellen Bedingungen. „Alles Verstehen und Auffassen nicht nur einer fremden Welt, sondern überhaupt eines Anderen ist schlechthin unmöglich ohne die ursprüngliche Einheit und Gleichheit alles Geistigen“[126].

Die Voraussetzungen des Interpreten, seine Sinnerwartung, die Sache und der Text-Sinn und nicht zuletzt die zugrundeliegenden Gemeinsamkeiten von Interpret und Autor machen die inhaltliche Seite des hermeneutischen Zirkels aus, das heißt, alles das, was beim zirkularen Verstehen mitspielt. Wenn wir dies bedenken, dann wird das einfach erscheinende Schema eines hermeneutischen Zirkels inhaltlich gefüllt.

Gehen wir nochmals von einem (einfachen) Zirkel aus, der sich zwischen *Teil und Ganzem* ergibt und der häufig als ‚klassisches‘ Beispiel angeführt wird (Abb. 27).

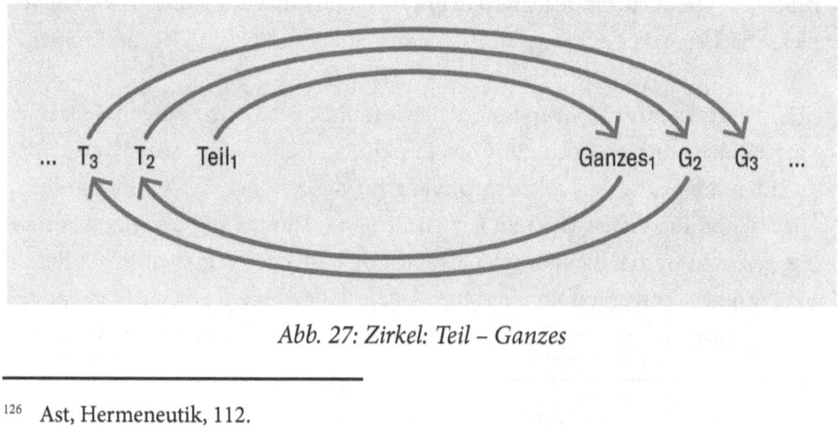

Abb. 27: Zirkel: Teil – Ganzes

126 Ast, Hermeneutik, 112.

Was hierbei als Teil und was als Ganzes angesehen wird, kann Vielerlei bedeuten. Entscheidend dabei ist jeweils die Bewegung, die sich zwischen dem Teil und dem Ganzen einstellt: Teil und Ganzes erhellen sich gegenseitig. Darum konnte sich Schleiermacher zunächst auf ein vages, vorwissenschaftliches Erziehungsverständnis berufen, um seine wissenschaftliche Darstellung zu beginnen. Hier sahen wir bereits ein Beispiel für einen hermeneutischen Zirkel, nämlich den zwischen Praxis und Theorie. Teil und Ganzes finden wir im Verhältnis zwischen Wort und Satz oder – wie bereits gezeigt – im Verhältnis von Vorverständnis und Textverständnis. Ein Satz trägt zum Verstehen eines ganzen Textes bei, wie umgekehrt der Gesamttext oft erst den Sinn eines Satzes oder gar eines Wortes erhellt. In einem ähnlichen Verhältnis der Interpretation stehen ein einzelner Gedanke und ein ganzer Text. Beispielsweise erhellt im erwähnten Text von Kant der Gedanke der Unterscheidung zwischen privatem und öffentlichem Vernunftgebrauch die Idee der Aufklärung, nämlich als Ausgang aus der selbstverschuldeten Unmündigkeit; umgekehrt ist die Selbstbefreiung aus der Unmündigkeit ein Hinweis Kants auf die öffentliche, das heißt gesellschaftliche Bedeutung der Aufklärung. Nicht nur innerhalb eines einzelnen Textes spielt sich das Verstehen in der Bewegung des hermeneutischen Zirkels ab, sondern auch im Verhältnis einer Schrift eines Autors zu seinem Gesamtwerk. Hier könnten wir an Gadamers „Wahrheit und Methode“ und an seine gesamten Schriften denken. Noch umfassender wird der Zusammenhang von Teil und Ganzem, wenn man wie Schleiermacher die Schriften eines Autors ins Verhältnis setzt zum Sprachschatz und zur Geschichte seines Zeitalters.[127] Immer könnten wir ein Schema für einen hermeneutischen Zirkel skizzieren, das sich an dem obigen Beispiel ‚Teil/Ganzes‘ orientiert. Zum Abschluss dieses Kapitels ein Zitat von Schleiermacher, wo er erläutert, wie Teil und Ganzes sich gegenseitig bestimmen:

> Der „hermeneutische Grundsatz, daß wie freilich das Ganze aus dem Einzelnen verstanden wird, so doch auch das Einzelne nur aus dem Ganzen verstanden werden könne, ist von solchem Umfang für diese Kunst und so unbestreitbar, daß schon die ersten Operationen nicht ohne Anwendung desselben zustande gebracht werden können, ja, daß eine große Menge hermeneutischer Regeln mehr oder weniger auf ihm beruhen. Ist ein Wort seinem allgemeinen Sprachwerte nach bekannt: so wird doch nur durch andere Teile desselben Satzes und

[127] Schleiermacher, Hermeneutik und Kritik, 95, Nr. 20.

> zwar zunächst durch diejenigen, mit denen es am nächsten organisch verbunden ist, bestimmt, welcher Teil dieses Sprachwertes in die gegebene Stelle fällt und welche auszuschließen sind, das heißt also, es wird als Teil aus dem Ganzen als Einzelnes aus der Gesamtheit verstanden."[128]

Unter verschiedenen Perspektiven zeigt sich, was Hermeneutik ist, womit sie sich befasst und wie durch ihre Erkenntnisweise Denken und menschliches Handeln zugänglich, das heißt verstehbar werden.

Verstehen erweist sich als *der* zentrale Begriff und Vorgang, mit dem sich Hermeneutik beschäftigt. Dabei handelt es sich um ein Verstehen von *Sinn,* das vom umgangssprachlichen Verständnis, vom psychologischen Verstehen und vom Erklären unterschieden werden muss. Sinn-Verstehen hat diese Struktur: Etwas wird *als* etwas in seinem Sinn wahrgenommen und erkannt. In einer engeren hermeneutischen Bedeutung handelt es sich um ein Verstehen von *Sprache* – von einem geschriebenen Text oder von einer Rede. Verstehend legen wir den Sinn eines Textes aus, indem wir uns zugleich an der angesprochenen Sache orientieren.

Verstehen ist auf den *Sinn* aus, den ein Text, ein Satz, ein Wort vermitteln will, letztlich was ein Autor sagen will. Sinn ist das von ihm Gemeinte. Das verlangt einerseits, dass wir interpretierend auch den sachlichen *Zusammenhang* verstehen in dem Satz, Text und Gemeintes stehen. Andererseits verweist dies auf die Aufgabe des Autors, den Sinn der Sache, die er zur Sprache bringt, ganz und angemessen zu erfassen und darzustellen; darum kann Gadamer sagen, der Sinn eines Textes übertreffe seinen Autor. Das Sinnhafte, das die sprachliche Vermittlung ausmacht, muss unterschieden werden vom Sinnvollen, das sich auf die Sache bezieht, letztlich auf deren existentielle Bedeutung.

Das, was zur Sprache kommt, wenn wir denken und unsere Gedanken äußern – was ist das? Woher kommt es? Was geht unserem Denken *voraus?* Das wurde von Augustinus als *„inneres Wort"* bezeichnet; Gadamer greift es im Zusammenhang der Hermeneutik auf. Das „innere Wort", das noch keiner konkreten Sprache angehört, wird durch den „Mund des Leibes" (Augustinus) geäußert. Dabei verliert das Gesagte und Geschriebene gegenüber dem Gedachten, der Sache, an Vollkommenheit. Die Unvollkommenheit des „äußeren" gegenüber dem „inneren Wort" macht

[128] Schleiermacher, Über den Begriff der Hermeneutik, 149. Zum hermeneutischen Zirkel siehe auch Danner, Methoden, 60–67.

die Notwendigkeit des Verstehen-Wollens und hermeneutischen Auslegens aus. Darin beruht auch der Grund für den hermeneutischen Dialog, um über ihn dem „inneren Wort" – dem Gemeinten, der Sache – näher zu kommen.

Für diesen Vorgang des hermeneutischen Interpretierens kann das *Übersetzen* als Modell gelten: Wir wollen verstehen und wiedergeben, was in der anderen Sprache gesagt ist. Dazu müssen wir den Sinn des Gemeinten erfassen, was also sozusagen das „innere Wort" im fremdsprachigen Text besagt. Als Übersetzer interpretieren wir den fremdsprachigen Text und versuchen, dessen Sinn in die eigene Sprache herüberzuholen. Fremdsprachlichkeit bedeutet nur einen besonderen Fall der hermeneutischen Aufgabe; denn ein Übersetzer ist ein Interpret; er bemüht sich um den Textsinn wie bei einem Gespräch. Auch hier geht es um eine Orientierung an der Sache, die in der jeweiligen Sprache angemessen gesagt werden soll. Es zeigt sich, dass das Übersetzen sich wie die hermeneutische Interpretation mit einer Annäherung an die Sache zufrieden geben muss.

Dieser Vorgang des Sinn-Verstehens, bei dem das vom Autor Gemeinte erfasst werden soll wie bei einem Übersetzen aus einer fremden Sprache, vollzieht sich nicht geradlinig, sondern als ein Hin- und Hergehen. Dieses bewegt sich zwischen dem vorläufigen Verständnis des Interpreten von der Sache und dem im Text, in der Rede vom Autor Gemeinten. Auch hier wird deutlich, dass es sich um eine Annäherung handelt, nicht um ein vollständiges und endgültiges Besitzergreifen. Der Vorgang der Annäherung, das allmähliche Verstehen, das Hin- und Hergehen ist die Bedeutung des *hermeneutischen Zirkels*. Wovon beim Bemühen um Verstehen ausgegangen wird, kann unterschiedlich benannt werden: Vormeinung, Vorverständnis, Vorwissen, Teil, etc. Dabei spielen Sinnerwartung, Entwurf, (positives) Vorurteil eine Rolle, indem sie der Auslegung eine Richtung geben. Entscheidend hierbei ist, dass jenes, wovon der Interpret ausgeht, allmählich korrigiert wird in der Auseinandersetzung mit dem Text und mit der angesprochenen Sache, und dass dabei eine Annäherung an den Sinn der vom Autor vertretenen Sache geschieht – eine Verständigung, doch keine Überwältigung.

IV. Positionen der Hermeneutik

Dieses Buch möchte den Einstieg in die Hermeneutik ebnen. Denn oftmals bedarf es einer ausführlichen Beschäftigung mit Kernbegriffen und grundlegenden Gedankengängen, um philosophische Darstellungen der Hermeneutik nachvollziehen zu können.

An dieser Stelle gebe ich nun einen sehr knappen *Überblick* zur Geschichte der Hermeneutik und eine *Skizze* von Aspekten bedeutender Positionen der hermeneutischen Theorie. Damit soll zum einen der *Zusammenhang* unserer Darlegungen und zum anderen die *Entwicklung* der hermeneutischen Theorie verdeutlicht werden.

1. Zur Geschichte der Hermeneutik

Philosophen befassen sich seit Plato und Aristoteles, also seit zweieinhalbtausend Jahren, mit der Frage nach einem angemessenen Verstehen und der Interpretation. Das griechische Wort hierfür ist *hermeneúein,* das lateinische: *interpretare.* Damit sind diese Bedeutungen verbunden:

- *aussagen*: einen Gedanken ausdrücken, formulieren, in Sprache fassen;
- *auslegen*: ‚erklären', was die Bedeutung, der Sinn des Gesagten ist;
- *übersetzen:* dolmetschen, den Sinn von einer Sprache in eine andere übertragen.

Wir können diese *Ebenen* der Hermeneutik unterscheiden:

1. Hermeneutik als *Methode:* hermeneutische Praxis, Textauslegung, hermeneutische Regeln;
2. *Philosophische* Hermeneutik: Theorie der Hermeneutik, *allgemeine* Voraussetzungen und Aspekte von Hermeneutik, erkenntnistheoretische Bedeutung des Verstehens und des hermeneutischen Zirkels, die Rolle von Sprache und ‚Sinn', wissenschaftstheoretische Position der Hermeneutik;

3. hermeneutische *Philosophie*: das menschliche Leben („Dasein", „Existenz") als *Verstehens*prozess; *Sprache* als Vermittlung von Welt; *Geschichtlichkeit* menschlichen Lebens (zum Beispiel Heidegger, Gadamer);
4. *Fachbezogene* Hermeneutiken: Hermeneutik mit einem spezifischen Inhalt und Hinblick, zum Beispiel Hermeneutik der Kunst, der Musik, der Erziehung und Bildung.

Eine philosophische Hermeneutik und eine hermeneutische Philosophie gehen von einer *allgemeinen* Hermeneutik aus. Das heißt, diese ist nicht auf ein spezielles Fachgebiet bezogen. Letzteres war und ist der Fall mit der *philologischen* Hermeneutik, die sich im engeren Sinn mit Textauslegung befasst – etwa: wie ist Kafkas „Prozess" zu interpretieren? Sodann hat eine allgemeine Hermeneutik eine Wurzel in der *theologischen* Hermeneutik, mit deren Zugangsweise das Alte und das Neue Testaments ausgelegt wird. Schließlich trägt die *juristische* Hermeneutik zum Verständnis einer allgemeinen bei, etwa mit der Frage, wie gegebene Gesetze im Hinblick auf konkrete Fälle ausgelegt und angewendet werden müssen. Diese drei Richtungen einer Hermeneutik waren bis zum 17. Jahrhundert eigenständig und bestimmend; insbesondere hat dann auch Schleiermacher (1768–1834) die Hermeneutik – die „Kunstlehre des Verstehens" – als eine allgemeine gegenüber den speziellen Hermeneutiken etabliert[129]. Die Aspekte einer Hermeneutik, die wir in Teil II und III kennengelernt haben, repräsentieren Kriterien einer *allgemeinen* Hermeneutik.

Die nachfolgende Tafel zeigt die wichtigsten Repräsentanten der Hermeneutik von Platon bis Habermas mit den Schwerpunkten, die sie verfolgen (Abb. 28). Das bietet einen stichwortartigen Überblick zur Geschichte und Entwicklung der Hermeneutik. Es ist nicht mehr als eine Andeutung dieser Geschichte der Hermeneutik, und es ist auch eine Auswahl; denn beispielsweise verweisen Gadamer und Boehm in ihrer Textauswahl auf eine Reihe weiterer Hermeneutiker und setzen damit andere Schwerpunkte.[130]

[129] Bereits Dannhauer (1603–1666) veröffentlichte eine „hermeneutica generalis"; siehe Mantzavinos, Hermeneutics, 2.

[130] Gadamer/Boehm, Seminar: Philosophische Hermeneutik. Siehe auch den Überblick, den Ficara (2015) bietet: Texte zur Hermeneutik. Von Platon bis heute.

		Schwerpunkte	Literatur[131]
Platon	428/7– 348/7 v. Chr.	Deutung des vermittelnden Rhapsoden (Dialog *Ion)*	Joisten 22 ff.
Aristoteles	384– 322 v. Chr.	Unterscheidung zwischen dem Gesagten und Gemeinten (Text *Peri hermeneías)*	Joisten 30 ff.
Philo von Alexandrien	13–54	Allegorese: Wörtliches verweist auf Vorwörtliches	Grondin 43 ff. Jung 36 ff.
Origines	185–254	Unterscheidung von körperlich-wörtlichem, psychischem und spirituell-geistigem Sinn	Grondin 46 ff. Joisten 42 ff. Jung 39 ff.
AUGUSTINUS	354–430	Konzentration auf dunkle Stellen; inneres und äußeres Wort; technischer und ‚existentieller' Aspekt des Verstehens	Grondin 50 ff. Joisten 51 ff. Jung 42 ff.
Martin **Luther**	1483–1546	Selbst-Verständlichkeit der Bibel	Grondin 59 ff. Joisten 65 ff.
Matthias **Flacius**	1520–1575	Leitender Skopus (Aussageabsicht) des Textes; „Schlüssel zur Heiligen Schrift"	Grondin 65 ff. Joisten 76 ff.
Johann Conrad **Dannhauer**	1603–1666	Allgemeine Hermeneutik; Interpret geht auf Sinngehalt zurück	Grondin 77 ff. Joisten 83 ff. Jung 49 ff.
Johann Martin **Chladenius**	1710–1759	„Sehe-Punkt", Skopus (des Interpreten!); Gründe für dunkle Stellen	Grondin 80 ff. Joisten 85 ff.

[131] Bollnow, Studien zur Hermeneutik; Gadamer/Boehm: Seminar: Philosophische Hermeneutik; Grondin, Einführung; Joisten, Philosophische Hermeneutik; Jung, Hermeneutik.

Georg Friedrich **Meier**	1718–1777	Billigkeitsprinzip: Autor und Text können verstanden werden; jedes Ding der Welt ist Zeichen für die Erkenntnis eines anderen	Grondin 86 ff. Joisten 89 ff. Jung 53 ff.
Friedrich E.D. **SCHLEIER-MACHER**	1768–1834	allgemeine Text-Hermeneutik; grammatische Auslegung: Gesamtheit der Sprache; ‚psychologische' Auslegung: Eigentümlichkeit des *Denkens des* Autors	Grondin 103 ff. Joisten 95 ff. Jung 62 ff.
Friedrich **Ast**	1778–1841	Historisches, grammatisches und geistiges Verständnis alter Schriftsteller	Gadamer/Boehm 111 ff.
August **Boeckh**	1785–1867	„Erkenntnis des Erkannten"; Verstehen ist reproduktives Erkennen	Grondin 115 ff. Jung 70 ff.
Johann Gustav **Droysen**	1808–1886	Geschichtlichkeit erfordert Verstehen; Gegensatz zum Erklären	Grondin 118 ff. Jung 72 ff.
Wilhelm **DILTHEY**	1833–1911	individueller Lebenszusammenhang und überindividuelle Sinnzusammenhänge; Priorität des produktiven Verstehens vor dem reproduktiven; Zusammenhang von Erlebnis, Ausdruck und Verstehen	Grondin 123 ff. Joisten 109 ff. Jung 76 ff.
Martin **Heidegger**	1889–1976	Verstehen: ein Existential, Befindlichkeit bedingt Verstehen; „ein von der Sorge getragenes ‚Sichauskennen' in der Welt"	Grondin 133 ff. Joisten 123 ff. Jung 96 ff.

Emilio **Betti**	1890–1968	Kanon der hermeneutischen Autonomie; des inneren sinnhaften Zusammenhangs; der Aktualität des Verstehens; der hermeneutischen Sinnentsprechung	Grondin 174 ff.
Hans-Georg **GADAMER**	1900–2002	Zentrale Bedeutung der Sprache; Übersetzen und Gespräch als Modelle der Hermeneutik; Zirkelstruktur des Verstehens ist Musterfall der Hermeneutik; Wirkungsgeschichte: Vermittlung von Geschichte und Gegenwart	Grondin 152 ff. Joisten 139 ff. Jung 116 ff.
Otto Friedrich **Bollnow**	1903–1991	Hermeneutik als Methode der Geisteswissenschaften	Bollnow 114 ff.
Paul **Ricœur**	1913–2005	Linguistisch-erklärender oder verstehend-interpretierender Zugang zu einem Text; Verstehen der Welt des Textes	Joisten 169 ff. Jung 148 ff.
Jürgen **Habermas**	1929	Verständigung als hermeneutische Kategorie; transzendentale Hermeneutik: Bedingungen des Verstehens; Tiefenhermeneutik, Ideologiekritik	Grondin 178 ff. Joisten 153 ff. Jung 141 ff.

Abb. 28: Hermeneutiker

Im Folgenden vergegenwärtigen wir uns einige Gesichtspunkte der Hermeneutik im Verständnis von Schleiermacher, Dilthey und Gadamer. Sie stehen exemplarisch für den Werdegang der Hermeneutik. Nicht weniger bedeutsam und interessant wären etwa die Positionen auch von Augustinus, Heidegger oder Ricœur. Es fällt auf, dass nach Augustinus etwa tausend Jahre vergangen sind, bis Hermeneutik mit einem neuen Interesse reflektiert worden ist; auf die Bedeutung des „inneren Wortes" bei Augustinus sind wir bereits eingegangen. Heidegger ist nicht an der Hermeneutik als solcher interessiert, sondern an der Charakterisierung seiner Philosophie durch Hermeneutik: Verstehen als Existenzial, als Grundverhältnis der Menschen zur Welt und zu sich selbst. Hierauf sei in unserem Zusammenhang nur hingewiesen. Keineswegs geht es uns um eine vollkommene Darstellung der Geschichte der Hermeneutik, lediglich um das Aufzeigen einiger Grundgedanken der jeweiligen Autoren. Dies möge Anreiz sein für ein ausführlicheres Studium der Originaltexte.

2. Friedrich D. E. Schleiermacher: Grammatische und ‚psychologische' Auslegung

Wir legen Schleiermachers Einleitung zu „Hermeneutik und Kritik" zugrunde, herausgegeben von Manfred Frank. Gleich im ersten Paragraphen weist Schleiermacher darauf hin, dass noch keine allgemeine Hermeneutik existiere, sondern nur spezielle Hermeneutiken – wie wir wissen: eine philologische, theologische und juristische Hermeneutik. Schleiermacher bemüht sich um eine *allgemeine* Hermeneutik. Er geht von der Zusammengehörigkeit von Reden und Verstehen aus. Das Verstehen sei „die Umkehrung eines Aktes des Redens" (76[132]). Das heißt, wenn ich verstehen will, was jemand sagt oder schreibt, dann muss ich über das Gesagte nachvollziehen, was der Autor *gedacht* hat, „welches Denken in der Rede zum Grunde gelegen" hat (76), was der Autor hat sagen wollen. Damit stehen Rede, Verstehen und Denken in einem Zusammenhang; und bezogen auf die Disziplinen, die sich damit befassen, bedeutet dies den Zusammenhang von Hermeneutik, Rhetorik und Dialektik. Unter Dialektik versteht Schleiermacher die „Wissenschaft von der Einheit des Wissens" (77).

Von hermeneutischem Interesse wird nun das, was Schleiermacher im Folgenden feststellt:

[132] Seitenzahlen beziehen sich in diesem Kapitel auf Schleiermacher, Hermeneutik und Kritik.

> „Wie jede Rede eine zwiefache Beziehung hat, auf die Gesamtheit der Sprache und auf das gesamte Denken ihres Urhebers: so besteht auch alles Verstehen aus den zwei Momenten, die Rede zu verstehen als herausgenommen aus der Sprache, und sie zu verstehen als Tatsache im Denkenden." (77)

Damit hat das Verstehen als Anliegen der Hermeneutik zwei Aufgaben: Es muss die Sprache als solche auslegen, interpretieren, und es muss den kreativen Akt des Denkens, das sich in dieser gegebenen Sprache ausdrückt, auslegen. Jede Rede beruht auf dem zugrundeliegenden Denken des Redners. Denn die gegebene Sprache wird dabei „auf eine *eigentümliche* Weise gestaltet", und zugleich ist die „Rede nur zu verstehen aus der *Totalität* der Sprache". (78) Hermeneutische Interpretation hat auf die Eigentümlichkeit des Denkenden *und* auf die vorgegebene, gemeinsame Sprache zu achten. Diese Argumentationsweise ist typisch für Schleiermacher; oft spricht er von einem „Sowohl-als-auch" oder von einer gegenseitigen Abhängigkeit – wie hier: Die Rede ist abhängig von der allgemeinen Sprache, und die gemeinsame Sprache wird durch den individuellen Sprachakt hervorgebracht.

Das erinnert uns nun an das Sprachverständnis von Wilhelm von Humboldt, dem Zeitgenossen Schleiermachers: Sprache hat eine allgemeine Seite, ihre Gesetzmäßigkeit, und eine subjektive Seite, nämlich die Freiheit des Sprachgebrauchs. Nach Humboldt liegt Sprache als *Ganzes* vor, und sie wird vom Sprechenden neu *erzeugt.* Die Macht der Sprache und die Kraft des einzelnen Sprechenden gehören komplementierend zusammen.

Beides muss in der hermeneutischen Interpretation berücksichtigt werden. Bei Schleiermacher heißt dies dann: „Das Verstehen ist nur ein Ineinandersein dieser beiden Momente (des grammatischen und psychologischen)." (79) Die Interpretation hat also eine „grammatische" und eine „psychologische" Perspektive. Was heißt das? Eine (gesprochene oder geschriebene) „Rede" muss mit Blick auf die Allgemeinheit der Sprache verstanden werden; denn der Redende ist in eine, das heißt seine Sprache hineingeboren; diese Sprache prägt sein Denken und Sprechen. Die Allgemeinheit der Sprache kann und muss mithilfe ihrer grammatischen Gesetzmäßigkeit interpretiert werden.

Aber zugleich ist die Rede ein *Akt des Sprechenden,* eine „Tat-Sache des Geistes", wodurch der Einzelne die allgemeine Sprache seinerseits beeinflusst; sein Reden ist ein Mit-Gestalten an der Sprache. Die Auslegung dieser Seite nennt nun Schleiermacher „psychologisch". Nach heutigem Verständnis ist das Wort ‚psychologisch' in diesem Zusammenhang eher irreführend. Selbst Gadamer wirft Schleiermacher ein Psychologisieren vor, dem allerdings dann Grondin widerspricht[133]. Schleiermacher verweist nämlich auf das *Denken* des Urhebers der Rede:

> „Reden ist [...] Vermittlung des Denkens für den Einzelnen. Das Denken wird durch *innere Rede* fertig, und insofern ist die Rede nur der gewordene Gedanke selbst. Aber wo der Denkende nötig findet, den Gedanken sich selbst zu fixieren, da entsteht auch Kunst der Rede, Umwandlung des ursprünglichen, und wird hernach auch Auslegung nötig. – Die Zusammengehörigkeit der Hermeneutik und Rhetorik besteht darin, daß *jeder Akt des Verstehens die Umkehrung eines Aktes des Redens ist,* indem in das Bewußtsein kommen muß, welches Denken der Rede zum Grunde gelegen." (76, Hervorh. HD)

Freilich spricht Schleiermacher hier an, was beim *Einzelnen* geschieht, wenn er redet; aber er meint keinen ‚psychologischen' Vorgang, sondern einen *Denk*-Akt. Dabei erwähnt er auch die „innere Rede", durch die das Denken fertig wird – was uns an das „innere Wort" bei Augustinus erinnert. Schleiermacher nennt die ‚psychologische' Interpretation auch die ‚technische' und beschreibt das *Verstehen* unter diesem Gesichtspunkt „als Darstellung der Gedanken", als „die Umkehrung eines Aktes des Redens"[134]. Dies können wir uns so veranschaulichen:

Autor:	Denken	→	(aussagen)	→	Rede
					↓
Interpret:	Denken	←	(auslegen)	←	Verstehen

Es geht also darum, beim Verstehen und Auslegen das *Denken* des Autors nachzuvollziehen.

---

133 Grondin, Hermeneutik, 110.

134 Kimmerle in: Schleiermacher, Hermeneutik, 113. Siehe auch Schleiermacher, Hermeneutik und Kritik, 79, 89 und 97, wo von „technischer" und „grammatischer Seite" die Rede ist. – Allerdings scheint Schleiermacher in § 19 tatsächlich ein „Psychologisieren" zu meinen und nicht nur ein Denken, wenn die subjektive Seite des Autors sein „inneres und äußeres Leben" und „seinen Charakter und seine Umstände" bedeutet.

Schleiermacher erkennt die grammatische und die ‚psychologische' Interpretation als gleichwertig und als gleichermaßen wichtig. (79) Allerdings kann ihre Anwendung in unterschiedlichem Verhältnis erforderlich sein. Beispielsweise „folgt das schon daraus, daß das grammatisch Unbedeutende nicht auch psychologisch unbedeutend zu sein braucht und umgekehrt". (83 f.) Einmal muss man sich also mehr auf die Sprachauslegung konzentrieren, ein andermal mehr auf die Eigentümlichkeit des Autors. Sprachauslegung erfordert zunächst natürlich, den Text grammatikalisch zu durchschauen. Wir haben einige Beispiele gesehen, bei denen es Mühe macht, überhaupt den Satzbau zu erkennen; erst wenn das gelingt, kann auch der *Sinn* eines Satzes und damit eines ganzen Textes erfasst werden. Hinzu kommt auch die Auslegung von einzelnen Begriffen. Denken wir nur an jene, die wir Kants Text über die Aufklärung entnommen haben.[135] Was meint Kant dort allein mit „Maschine"? Hier setzt nun ein, was den hermeneutischen Zirkel zwischen Teil und Ganzem ausmacht. Der einzelne Begriff wird durch den Textzusammenhang verständlich; und was Kant sagen will, braucht die Bedeutung des einzelnen Wortes. Dieser Vorgang macht also die „grammatische Interpretation" aus, die Schleiermacher als die eine Seite des Verstehens anspricht.

Was haben wir unter der „psychologischen Interpretation" zu verstehen, die Schleiermacher gleichfalls für erforderlich ansieht? Es geht um das *Denken* des Autors – wie *er* einen Gedanken in seinem Text entwickelt, wie er argumentiert. Dazu kann helfen, den Zusammenhang mit seinem gesamten Denken herzustellen, also mit seinem Gesamtwerk. Mancher Autor verwendet seine eigene Sprache und Begrifflichkeit. Ein außerordentliches Beispiel hierfür sehen wir etwa bei Heidegger, der zudem auch seine eigene Schreibweise entwickelt – „Seyn" für Sein, „Eksistenz" für Existenz –, um damit daran zu erinnern, was *er* sagen will. Adorno hat ihn mit seinem Buch „Jargon der Eigentlichkeit" Heigger für dessen ungewöhnliche Sprache kritisiert; aber Adorno hat seinerseits eine eigentümliche Sprechweise und Satzkonstruktion.[136] Natürlich muss die Interpretation im Sinne Schleiermachers nicht nur die Denk- und Ausdrucksweise des jeweiligen Autors beachten, sondern auch die *Zeit*, in der er schreibt. Unsere Verständnisschwierigkeiten bei Kant oder Schleiermacher können von der deutschen Sprache, die um 1800 üblich war, *und* von deren eigentümlichem Denken herrühren.

---

[135] Siehe oben III.4.

[136] Adorno, Jargon der Eigentlichkeit.

Veranschaulichen wir uns das Zusammenwirken von grammatischer und ‚psychologischer' Auslegung, wo einerseits die gegebene Sprache und die geschichtliche Situation, in der der Text entstanden ist, und wo andererseits das Denken des Autors und dessen Eigentümlichkeit in den Text eingehen (Abb. 29).

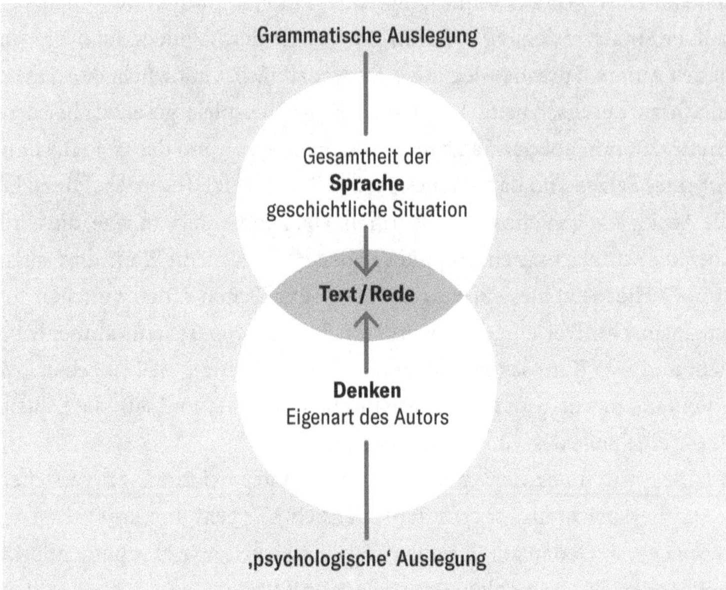

Abb. 29: Schleiermacher: Grammatische und ‚psychologische' Auslegung

Angesichts dieser beiden Perspektiven der Interpretation – der grammatischen und der ‚psychologischen' – kommt Schleiermacher zu der Einsicht, dass das Auslegen *Kunst* sei:

> „Das volle Geschäft der Hermeneutik ist als Kunstwerk zu betrachten, aber nicht, als ob die Ausführung in einem Kunstwerk endigte, sondern so, daß die Tätigkeit nur den *Charakter* der Kunst an sich trägt, weil mit den Regeln nicht auch die Anwendung gegeben ist, d.i. nicht mechanisiert werden kann." (81)

Mit „Kunst" meint Schleiermacher also den Umgang mit einer Rede, den wir als sensitiv beschreiben könnten. Ein mechanisches Vorgehen ist nicht möglich, auch wenn Regeln helfen können. Der tiefere Grund für die Notwendigkeit eines „kunstmäßigen" Interpretierens liegt darin, dass Sprache und die Individualität des Autors „unendlich" sind, also nicht ausgeschöpft werden können; eine vollkommene Kenntnis der Sprache und des Autors ist nicht möglich. „Die glückliche Ausübung der Kunst beruht auf dem Sprachtalent und dem Talent der einzelnen Menschenkenntnis." (81) Was wir also mit ‚sensitiv' bezeichnen könnten, drückt Schleiermacher mit ‚Talent' aus. Auch ‚Talent' bedeutet mehr und anderes als ein von Regeln geleitetes mechanisches Vorgehen.

Schleiermacher macht nun auch noch einen Unterschied zwischen „kunstmäßiger" und „kunstloser" Auslegung. Dieser beruhe darauf, dass „man einiges genau verstehen will und anderes nicht". Letzteres nennt er die „laxere Praxis in der Kunst". „Diese geht davon aus, daß sich das Verstehen von selbst ergibt und drückt das Ziel negativ aus: Mißverstand soll vermieden werden". Dann aber gibt es auch die „strengere Praxis" des Verstehens. Diese „geht davon aus, daß sich das Mißverstehen von selbst ergibt und das Verstehen auf jedem Punkt muß gewollt und gesucht werden". (91f)

Nehmen wir als Beispiel zwei Aussagen, um die „kunstlose" und die „kunstmäßige" Auslegung bei Schleiermacher zu unterscheiden: a) Goethe und Schiller waren befreundet. Und b) Goethes und Schillers politische Einstellungen unterschieden sich im Grundsätzlichen, was sich in ihrem Werk und an ihrer Biographie zeigt. Die „laxere Praxis" könnte die beiden Sätze so hinnehmen: Goethe und Schiller waren befreundet, und sie hatten unterschiedliche politische Einstellungen. Schleiermachers „strengere Praxis" der Auslegung meint neben dem Verstehen der Inhalte vor allem eine *Einstellung* des Verstehenden. Wir können sie als eine *kritische* Haltung kennzeichnen. Sie *rechnet* mit einem Missverständnis. Darum kann mit dieser Einstellung auch der schlichte Satz a) nicht einfach hingenommen werden. Die Frage „Was heißt hier Freundschaft?" müsste beantwortet werden, und: „Wie war ihr Verhältnis wirklich?". Noch dringender wird diese kritische Einstellung, wenn in dem komplexeren Satz b) ein Missverständnis in Betracht gezogen werden muss. Hier wird die Differenzierung von Missverständnis, die Schleiermacher vornimmt, bedeutsam:

> „Das Mißverstehen ist entweder Folge der *Übereilung* oder der *Befangenheit*. Jene ist ein einzelner Moment. Diese ist ein Fehler, der tiefer steckt. Es ist die einseitige Vorliebe für das, was dem einzelnen Ideenkreis naheliegt, und das Ab-

stoßen dessen, was außer demselben liegt. So erklärt man hinein oder heraus, was nicht im Schriftsteller liegt.“ (93, Hervorh. HD)

Das Missverständnis kann durch „Übereilung“ auftreten, also durch schnelles, oberflächliches Verstehen. Aber die „Befangenheit“ geht tiefer, wie Schleiermacher betont. Bei unserem Satz b) beginnt das Hinein- oder Herauserklären mit der angesprochenen politischen Einstellung und zeigt sich wieder in der Interpretation des Gesamtwerks. Diese „Befangenheit“, von der Schleiermacher spricht, erinnert zum einen an das „Vorurteil“, das Gadamer thematisiert, zum anderen an die „Ideologiekritik“, die etwa Habermas von der Hermeneutik fordert. Für die Hermeneutik ist die „strengere Praxis“ von Bedeutung; mit ihr fängt Hermeneutik sozusagen erst an.

Im Zusammenhang des hermeneutischen Zirkels haben wir im vorhergehenden Kapitel bereits auf Schleiermacher verwiesen. In den Paragrafen 20 und 23 stellt er die gegenseitige Abhängigkeit und Erhellung von Teil und Ganzem her[137]. Damit endet die Einleitung seiner Aufzeichnungen zu den Vorlesungen über „Hermeneutik und Kritik“. Es folgen die Hauptteile über die „grammatische Auslegung“ und über die „psychologische Auslegung“. Unsere ausgewählten Aspekte der Schleiermacherschen Hermeneutik sollen hier genügen, um einige seiner Grundgedanken aufzuzeigen und vielleicht auch Appetit auf eine tiefere Auseinandersetzung hiermit anzuregen.

3. Wilhelm Dilthey: Verstehen von Lebensäußerungen

Schleiermachers hermeneutische Überlegungen kreisen um die ‚Rede‘ und deren Auslegung. Gesprochene und geschriebene Sprache steht also im Zentrum. Bei Dilthey tritt die Sprache zunächst in den Hintergrund.[138] Auch er spricht vom Verstehen. Doch dieses steht in einem ganz anderen Zusammenhang: „Das Verstehen ist ein Wiederfinden des Ich im Du.“ (191) Verstehend findet sich der Interpret wieder im Autor. Das ist möglich, weil beide demselben „objektiven Geist“ zugehören. Was

137 Schleiermacher, Hermeneutik und Kritik, 95, 97 f.

138 Zugrunde gelegter Text: Dilthey, Der Aufbau der geschichtlichen Welt, 191–220: „Das Erleben und die Selbstbiographie“ und „Das Verstehen anderer Personen und ihrer Lebensäußerungen“. Die folgenden Seitenangaben beziehen sich hierauf.

ist dieser? Das sollten wir zuallererst klären, um einen Zugang zu Diltheys Hermeneutik-Verständnis zu finden. Er sagt:

> „Ich verstehe unter [dem objektiven Geist] die mannigfachen Formen, in denen die zwischen den Individuen bestehende *Gemeinsamkeit* sich in der Sinneswelt objektiviert hat. […] Sein Gebiet reicht von dem Stil des Lebens, den Formen des Verkehrs zum Zusammenhang der Zwecke, den die Gesellschaft sich gebildet hat, zu Sitte, Recht, Staat, Religion, Kunst, Wissenschaften und Philosophie. […] Aus dieser Welt des objektiven Geistes empfängt von der ersten Kindheit ab unser Selbst seine Nahrung. Sie ist auch das Medium, in welchem sich das Verständnis anderer Personen und ihrer Lebensäußerung vollzieht. Denn alles, worin sich der Geist objektiviert hat, enthält ein dem Ich und dem Du Gemeinsames in sich." (208, Hervorh. HD)

Der „objektive Geist" macht also das aus, was uns *gemeinsam* ist; darum ist er auch „objektiv" gültig, nicht nur für den Einzelnen; er ist in der „Sinnenwelt objektiviert" – das heißt, er ist wahrnehmbar, greifbar. Er bestimmt alle Formen des Lebens, die uns gemeinsam sind und die darum die Grundlage ausmachen, dass wir uns verständigen können.

> „Denn alles, worin sich der Geist objektiviert hat, enthält ein dem Ich und dem Du Gemeinsames in sich. Jeder mit Bäumen bepflanzte Platz, jedes Gemach, in dem Sitze geordnet sind, ist von Kindesbeinen ab uns verständlich, weil menschliches Zwecksetzen, Ordnen, Wertbestimmen als ein Gemeinsames jedem Platz und jedem Gegenstand im Zimmer seine Stelle angewiesen hat. […] Ehe [das Kind] sprechen lernt, ist es schon ganz eingetaucht in das Medium von Gemeinsamkeiten." (208 f.)

Hier erwähnt nun Dilthey etwas, das an den neueren Gedanken der *Sozialisation* erinnert: Von der ersten Kindheit an wird uns gewissermaßen der objektive Geist vermittelt. Dazu gehört natürlich und vor allem auch die Sprache, die Dilthey interessanterweise hier nicht ausdrücklich erwähnt. Wir könnten nämlich auch sagen, dass das, was Sprache ausmacht, was durch Sprache vermittelt wird, nichts anderes ist als der objektive Geist. Allerdings verweist Dilthey auf die *sinnliche* Objektivierung, durch die objektiver Geist erfahrbar ist; diese unmittelbare Sinnlichkeit fehlt jedoch der Sprache.

Wenn nun Dilthey sagt, das Verstehen sei ein Wiederfinden des Ich im Du, dann ist das möglich aufgrund der Gemeinsamkeit, die durch den objektiven Geist gegeben ist. Das betrifft nicht nur Individuen.

> Denn „der Geist findet sich auf immer höheren Stufen von Zusammenhang wieder;
> diese Selbigkeit des Geistes
> im Ich, im Du, in jedem Subjekt einer Gemeinschaft,
> in jedem System der Kultur,
> schließlich in der Totalität des Geistes und der Universalgeschichte
> macht das Zusammenwirken der verschiedenen Leistungen in den Geisteswissenschaften möglich." (191)

Die Gemeinsamkeit, die durch den objektiven Geist gestiftet wird, verbindet die Einzelnen mit den Anderen, mit der Gemeinschaft, in der wir leben, mit unserer Kultur; sie macht letztlich alles Geistige aus bis hin zur Geschichte der Menschheit. Aufgrund dieser Gemeinsamkeit *verstehen* wir.

Das Reden vom objektiven Geist lässt das *Verstehen* als etwas ganz Abstraktes erscheinen. Um das Verstehen soll es jedoch im Rahmen der Hermeneutik gehen. Es verliert in Diltheys Überlegungen seine Abstraktheit und erhält sozusagen einen ‚existentiellen touch', wenn wir seinen Zusammenhang mit dem *Erleben* erkennen. Schon die Aussage Diltheys, dass das Verstehen ein Wiederfinden des Ich im Du sei, macht es nachvollziehbar und konkret. Dilthey wird dieses Wiederfinden als ein „Hineinversetzen, Nachbilden und Nacherleben" beschreiben (213 ff.). Das Erleben nennt er „ein Innewerden von *Wirklichkeit*" (218). Das Erleben sei die „letzte Voraussetzung" „für das Wissen von der geistigen Welt", nämlich durch das „Zusammenwirken von Erleben, Verstehen anderer Personen, historischer Auffassung von Gemeinsamkeiten, als Subjekten geschichtlichen Wirkens, schließlich des objektiven Geistes" (196). Hier stellt Dilthey also den Zusammenhang her zwischen dem konkreten Erleben und dem abstrakten objektiven Geist. Im Erleben erfahren wir Geistiges, „geistige Welt".

Diltheys Philosophie ist eine *Lebensphilosophie*. Leben ist hier der nicht-hintergehbare Grund von allem. Als solcher bedeutet Leben aber mehr als biologische

Existenz. Der Vollzug des Lebens geschieht als *Erleben*. „Mit dem Erleben aber treten wir aus der Welt der physischen Phänomene in das Reich der *geistigen* Wirklichkeit." (196) Das heißt also, dass im menschlichen Erleben sich mehr und anderes ereignet als physische, biologische, mechanische Abläufe und Reaktionen. Auch hier zeigt sich: Erleben ist ein *geistiger* Vorgang.

Wenn dem so ist, dann geschieht Erleben nicht stumpf und blind, sondern reflektiert: „Wir verhalten uns gegenüber dem Leben, dem eigenen so gut als dem fremden, *verstehend.*" (196, Hervorh. HD) Das bedeutet nun, dass wir auch das fremde *Leben* verstehen, also das Leben der Anderen. Und diese nehmen wir wahr und verstehen wir aufgrund ihrer *Lebensäußerungen:*

> „In der Sinnenwelt auftretend, sind [die Lebensäußerungen] der Ausdruck eines Geistigen; so ermöglichen sie uns, dieses zu erkennen. Ich verstehe hier unter Lebensäußerung nicht nur die Ausdrücke, die etwas meinen oder bedeuten (wollen); sondern ebenso diejenigen, die ohne solche Absicht als Ausdruck eines Geistigen ein solches für uns verständlich machen." (205)

Diesen Zusammenhang von Verstehen, der zu verstehenden Lebensäußerung mit Objektivem Geist und Leben halten wir schematisch fest (Abb. 30).

Dilthey unterscheidet drei „Klassen" der Lebensäußerungen: Zunächst die „Begriffe, Urteile und größeren *Denkgebilde*". Das Verstehen sei hier auf den bloßen Denkinhalt gerichtet und ohne „Beziehungen zu dem dunklen Hintergrund und der Fülle des Seelenlebens" (206). Ähnlich verhält es sich mit der Klasse der *Handlungen;* auch sie haben nicht die Absicht, etwas mitzuteilen; allerdings verfolgen sie einen Zweck, und der könnte im Hinblick auf ein „Inneres" erläutert werden. Eine dritte, wesentliche Klasse der Lebensäußerungen bildet der *Erlebnisausdruck:*

> „Eine besondere Beziehung besteht zwischen ihm, dem Leben, aus dem er hervorgeht, und dem Verstehen, das er erwirkt. Der Ausdruck kann nämlich vom seelischen Zusammenhang mehr enthalten, als jede Introspektion gewahren kann." (206)

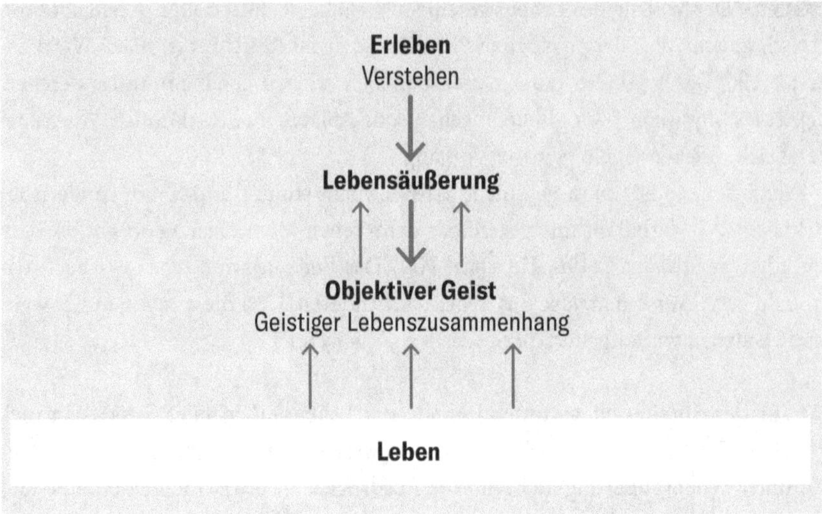

Abb. 30: Dilthey: Verstehen von Lebensäußerungen

Das Verstehen eines Erlebnisausdrucks unterliegt zwar der Gefahr einer Unwahrhaftigkeit. „Denn Verstellung, Lüge, Täuschung durchbrechen hier die Beziehung zwischen Ausdruck und dem ausgedrückten Geistigen." (206) Aber in einem großen Werk tritt der Autor als Person ganz in den Hintergrund: „Wahrhaftig in sich, steht es fixiert, sichtbar, dauernd da, und damit wird ein kunstmäßiges sicheres Verstehen desselben möglich." (207) Im Vergleich zu den Handlungen und den Denkgebilden haben die Erlebnisausdrücke eine größere Bedeutung, weil sie einen tieferen Einblick in den „dunklen Hintergrund und die Fülle des Seelenlebens", das heißt in das Leben selbst ermöglichen.

Dilthey unterscheidet zwischen dem elementaren und dem höheren Verstehen. Das *elementare* Verstehen meint „die Deutung einer einzelnen Lebensäußerung", also einen einfachen Sachverhalt. Dabei ist „das Grundverhältnis, auf welchem der Vorgang des elementaren Verstehens beruht, [...] das des Ausdrucks zu dem, was in ihm ausgedrückt ist". Lebensäußerung oder Ausdruck einerseits und Ausgedrücktes oder Geistiges andererseits gehören als Einheit zusammen – wie etwa eine schreckhafte Gebärde und der Schrecken, den sie ausdrückt. (207 f.)

Schon für das elementare Verstehen zeigt sich die Bedeutung des objektiven Geistes, da er die Grundlage der Gemeinsamkeit ist. Den Schrecken, den jemand ausdrückt, könnte ich als solchen nicht verstehen, wenn ich den eigenen Schrecken nicht auf dieselbe Weise zeigen würde. „Diese Einordnung der einzelnen Lebensäußerung in ein Gemeinsames wird dadurch erleichtert, daß der objektive Geist eine *gegliederte Ordnung* in sich enthält" (209, Hervorh. HD). Der objektive Geist ist strukturiert. Lebensäußerungen gehören jeweils einem *Typus*, „einer Sphäre der Gemeinsamkeit" an. Von Bedeutung ist hier, dass Dilthey die Möglichkeit des Verstehens auf „die in einem bestimmten *Kulturkreis* festgelegte Ordnung" bezieht (209). Darauf werden wir später noch einmal zurückkommen.[139]

Elementares Verstehen bedeutet direktes, spontanes Verstehen. Es können aber Schwierigkeiten und Widersprüche auftreten, die unmittelbares Verstehen verhindern, vor allem wenn es sich um komplexe Situationen handelt. Dann wird *höheres Verstehen* notwendig. „Hier geht das Verhältnis zwischen Ausdruck und Ausgedrücktem über in das zwischen der Mannigfaltigkeit der Lebensäußerungen einer anderen Person und dem inneren Zusammenhang, der ihr zugrunde liegt." (211) Es muss eine einzelne Lebensäußerung im Ganzen des *Lebenszusammenhangs* verstanden werden.

> „[…] so führt das Geschäft des Verstehens in immer größere Tiefen der geistigen Welt. Wie der objektive Geist eine Ordnung in sich enthält, die in Typen gegliedert ist, so ist auch in der Menschheit gleichsam ein Ordnungssystem enthalten, das von der Regelhaftigkeit und der Struktur im Allgemeinmenschlichen zu den Typen führt, durch welche das Verstehen die Individuen auffaßt." (213)

Verstehen im hermeneutischen Kontext haben wir als *Sinn*-Verstehen bestimmt. Dilthey stellt Verstehen hingegen in den Zusammenhang von objektivem Geist und Leben; Verstehen wird zu einem „Hineinversetzen, Nachbilden und Nacherleben" und zwar in bzw. von Lebensäußerungen. Höheres Verstehen hat die „Aufgabe, einen Lebenszusammenhang im Gegebenen aufzufinden". (213) Es wird nicht nach Sinn gefragt, sondern nach dem sich äußernden *Leben.* Verstehen ist ein Sichhineinversetzen in einen Menschen oder in ein Werk. „Dann wird jeder Vers eines Gedichtes durch einen inneren Zusammenhang in dem Erlebnis, von dem das Gedicht ausgeht, in *Leben zurückverwandelt.*" (214, Hervorh. HD) Verstehen als Nacherleben oder Nachbilden „ist das Schaffen in der Linie des Geschehens"; „Verstehen

---

[139] Siehe V.2.

ist an sich eine dem Wirkungsverlauf selber *inverse Operation*". (214, Hervorh. HD) Das wird besonders deutlich mit dem Gedanken des Sichhinienversetzens. Ähnliches ist uns bereits bei Schleiermacher begegnet.

In diesem Umfeld ist Diltheys Hermeneutik zu sehen. Auf die *Hermeneutik* kommt dieser ausdrücklich zu sprechen, wenn er sagt:

> „Das kunstmäßige Verstehen dauernd fixierter Lebensäußerungen nennen wir *Auslegung*. Da nun das geistige Leben nur in der *Sprache* seinen vollständigen, erschöpfenden und darum eine objektive Auffassung ermöglichenden Ausdruck findet, so vollendet sich die Auslegung in der Interpretation der in der *Schrift* enthaltenen Reste menschlichen Daseins." (217)

Hier macht Dilthey wichtige Feststellungen im Hinblick auf die Hermeneutik. Zum einen soll sich diese auf „dauernd fixierte Lebensäußerungen" beziehen. Das Verstehen wird, zweitens, „kunstmäßig" genannt, das heißt es ist sicher mehr als elementares Verstehen; „kunstmäßig" dürfen wir als ein geordnetes, systematisches Vorgehen im Sinne der Hermeneutik annehmen. Dilthey gebraucht hierfür den Begriff des Auslegens. Schließlich erwähnt er drittens die Sprache und die Schrift als Mittel des Ausdrucks. Sprache ist sicher objektiver und eindeutiger zu fassen als andere „Lebensäußerungen"; und mit der Schrift liegen „dauernd fixierte Lebensäußerungen vor", auf die zurückgegangen werden kann. Darum kann Dilthey in diesem Zusammenhang doch auch von Sinn sprechen: So muß „alles Probieren im Verständnisvorgang die Worte zu einem Sinn und den Sinn der einzelnen Glieder eines Ganzen zu dessen Struktur zusammennehmen". (220) Doch viertens bleibt der Bezug zur Lebensphilosophie und zum objektiven Geist bestehen, da Dilthey sich immer wieder auf „Lebensäußerungen", auf „geistiges Leben", auf „Ausdruck" beruft. Darum verwundert es nicht, wenn er feststellt, dass das Verstehen „nicht einfach als eine Denkleistung aufzufassen ist". Denn Transposition, Nachbilden, Nacherleben weisen „auf die Totalität des *Seelenlebens* hin", die im Verstehen wirksam ist. „So ist in allem Verstehen ein *Irrationales,* wie das *Leben* selber ein solches ist" (218, Hervorh. HD).

Der herangezogene Text Diltheys ist komplexer und differenzierter, als er hier wiedergegeben worden ist. Durch die vereinfachte Darstellung sollten die Hauptlinien des Gedankengangs deutlich werden. Damit stellen sich auch Fragen ein: Was für eine Hermeneutik ist das, die sich auf Leben und Seelenleben beruft, auf

Ausdruck und Nacherleben, geistiges Leben und objektiven Geist? Was besagt das Gewicht, das dem „Leben" und dem „objektiven Geist" verliehen wird anstelle der „Rede" (Schleiermacher) und der „Sprache" (Gadamer)? Was bedeutet dies für den Anspruch der Geisteswissenschaften auf Wissenschaftlichkeit?

4. Hans-Georg Gadamer: Der Aspekt der Wirkungsgeschichte

Die Bedeutung Gadamers für die Formulierung und Diskussion der Hermeneutik in der zweiten Hälfte des 20. Jahrhunderts ist wohl unbestritten. Das schließt nicht aus, dass sein Ansatz auch kritisch aufgenommen worden ist; der zweite Band von „Wahrheit und Methode" entstand unter anderem aufgrund dieser Auseinandersetzung. Wenn hier Gadamer immer wieder an zentraler Stelle zitiert worden ist, dann hat das auch mit der persönlichen Überzeugung zu tun, damit Wesentliches der hermeneutischen Sache zur Sprache zu bringen. Aber – so kann sogleich eingewendet werden – *welcher* Hermeneutik? Gadamer folgt einer bestimmten Philosophie, nämlich der Heideggers. Damit bezieht er Position: Hermeneutik hat einen universalen Anspruch; Verstehen ist ein Existential, das heißt, eine „kategoriale Grundbestimmung des menschlichen Daseins"; menschliches Leben *ist* Verstehen[140]. Daneben existieren andere Positionen; das zeigt nicht zuletzt die Geschichte der Hermeneutik. Mit Schleiermacher und Dilthey haben wir auf zwei wichtige Vertreter vor Gadamer hingewiesen; es müsste etwa auch die Diskussion mit Emilio Betti oder mit Jürgen Habermas oder mit Paul Ricœur erwähnt werden. Unterschiedliche Aspekte, Perspektiven und Grundlegungen von Hermeneutik im Laufe der Geschichte und in der gegenwärtigen Diskussion machen die Beschäftigung und Auseinandersetzung mit ihr zu einer spannenden Angelegenheit. Denn es geht ja nicht darum, einem Autor oder einer bestimmten Schule blind zu folgen; vielmehr ist jeder aufgefordert und frei, die diskutierte *Sache* zunächst verstehend nachzuvollziehen und dann mit kritischem Blick abzuwägen und selbst eine begründete Position zu beziehen.

Im Verlauf der obigen Darstellung von Zugängen zu und von Perspektiven der Hermeneutik kam Gadamer bereits häufig zu Wort. Hier soll darum zum einen eine

[140] Gadamer, Wahrheit und Methode II, 331.

knappe Zusammenfassung der Kerngedanken seiner Hermeneutik genügen, zum anderen ein Gesichtspunkt zur Sprache kommen, der bislang zu kurz gekommen ist, nämlich die Bedeutung der „Wirkungsgeschichte".

Zunächst der Gedankengang Gadamers in Stichworten:

- Hermeneutisches *Verstehen* hat die Annäherung an die *Sache* zum Inhalt.
- Das universale Medium, in dem sich das Verstehen ereignet, ist die *Sprache.*
- Die Vieldeutigkeit der Sprache verlangt den Bezug auf die *Sache.* „Verstehen heißt primär, sich in der Sache verstehen."[141]
- Verstehen ist darum ein Herausarbeiten des Sach-*Sinns.*
- Verstehen ist Sinn-Verstehen und *sprachlich.*
- Die Vollzugsweise des Verstehens ist die *Auslegung.*
- Auslegung steht in einer *Sinnerwartung;* sie geschieht als ein *Entwurf,* als ein Vorentwurf des erwarteten Sinns.
- Im *Dialog,* im Gespräch wird die Sache im Hinblick auf unterschiedliche Sinnerwartungen erwogen.

In der Bewegung des *hermeneutischen Zirkels,* im Hin- und Hergehen zwischen Vormeinung, Vorwissen und Sinnerwartung des Interpreten einerseits, Text und Meinung des Autors andererseits, geschieht die Annäherung an den Text-Sinn und die Sache.

Ein Modell für diesen Vorgang der Interpretation ist die *Übersetzung* von einer Sprache in eine andere, wobei mit Bezug auf die Sache sich die angemessene sprachliche Formulierung herausstellen soll. Dies fassen wir schematisch zusammen (Abb. 31).

Diese Begriffe und Gedanken müssen wir nun noch in den größeren Zusammenhang dessen stellen, was Gadamer „Wirkungsgeschichte" nennt. Was bedeutet diese? Was gehört in ihren Zusammenhang? Gadamers Hermeneutik steht im Kontext der Philosophie Heideggers. Verstehen ist demnach nicht einfach ein linguistisches Faktum, ein Interpretationsvorgang, der in Regeln festgelegt werden kann, sondern ein Existential, ein Charakteristikum menschlichen Daseins. Darum sagt Gadamer: „Eine ‚*Kunstlehre*' des Verstehens […] lag nicht in meiner Absicht." Er folgt also nicht der Hermeneutik-Tradition, in der etwa Schleiermacher steht. „Nicht, was wir tun, nicht was wir tun sollten, sondern was über unser Tun und Wollen hinaus *mit uns geschieht,* steht in Frage."[142] Dieses „was mit uns geschieht" wird mit *Wirkungs-*

[141] Ebd., 62.

[142] Ebd., 438.

geschichte benannt. Gemeint ist, was mit uns im Vorgang des *Verstehens* geschieht, des Verstehens, das mehr ist als eine Textinterpretation. Es ist das Verstehen, in dem wir uns immer schon aufhalten. Darum muss die Hermeneutik im Sinne Gadamers „davon ausgehen, daß wer verstehen will, mit der *Sache*, mit der Überlieferung zur Sprache kommt, verbunden ist und an die Tradition Anschluß hat oder Anschluß gewinnt, aus der die Überlieferung spricht."[143]

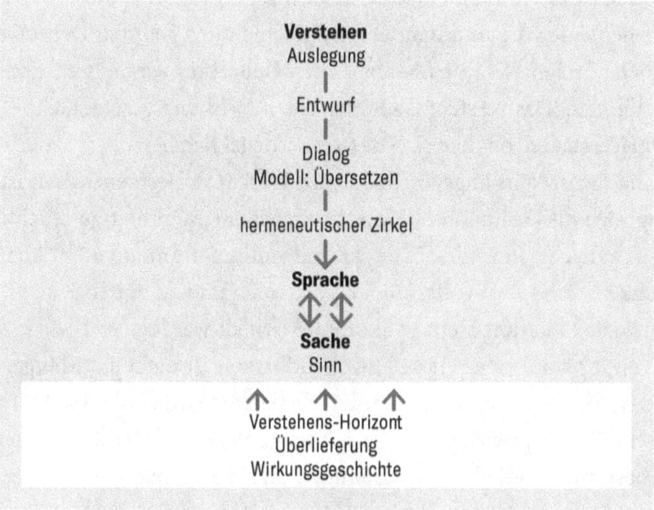

Abb. 31: Gadamer: Verstehen – Sprache – Sache

Das, was wir verstehen wollen, die Sache, ist nicht in dem Augenblick entstanden, in dem wir uns ihr zuwenden. Sie kommt aus der Überlieferung; sie hat Tradition. Und wir sind mit ihr verbunden, ob uns das bewusst ist oder nicht. Nach Gadamer besteht eine hermeneutische Aufgabe darin, diese Situation zu erhellen, auch wenn diese Aufgabe nie ganz vollendet werden kann. Damit aber wird das Verstehen mit einem Bruch konfrontiert, der mit der Polarität von Vertrautheit und Fremdheit der tradierten Sache gegeben ist. Das hermeneutische Bewusstsein weiß, „daß es mit dieser Sache nicht in der Weise einer fraglos selbstverständlichen Einigkeit verbunden sein kann, wie sie für das ungebrochene Fortleben einer Tradition gilt". Mit

[143] Gadamer, Wahrheit und Methode I, 279, Hervorh. HD.

anderen Worten: Die in Frage stehende überlieferte Sache ist uns zugleich *vertraut und fremd.*

Diesen Sachverhalt können wir auch unter dem Aspekt des *Standortes* verdeutlichen. Historische Ereignisse können nicht als objektive Tatsachen erfasst werden, weil wir den eigenen Standort nicht außer acht lassen können; denn Vergangenheit wird vom Standort der Gegenwart aus wahrgenommen. Gleichzeitig steht der eigene Standort seinerseits in einem Überlieferungskontext. Was uns heute ausmacht, so wie wir heute denken und handeln, ist geschichtlich geprägt. Denn Geschichte, geschichtliche Ereignisse, in früheren Zeiten Gedachtes *wirken fort,* wirken in die Gegenwart hinein. Das versteht Gadamer unter „Wirkungsgeschichte".

„In allem Verstehen, ob man sich dessen ausdrücklich bewußt ist oder nicht, [ist] die Wirkung dieser Wirkungsgeschichte am Werke".[144] Hermeneutisch ist nun von Bedeutung, sich diese Situation bewusst zu machen: „Wirkungsgeschichtliches Bewußtsein ist zunächst Bewußtsein der hermeneutischen *Situation.*"[145] Analog zu der Unmöglichkeit, sich selbst vollkommen zu kennen und zu durchschauen, kann die hermeneutische Situation nicht vollkommen erhellt werden, weil wir ja *in* ihr stehen, *Teil* von ihr sind; „aber diese Unvollendbarkeit ist nicht ein Mangel an Reflexion, sondern liegt im Wesen des geschichtlichen Seins, das wir sind"[146].

An diesem Punkt spricht nun Gadamer vom *„Horizont",* der die hermeneutische Situation bestimmt, in der wir uns befinden und die „einen Standort darstellt, der die Möglichkeiten des Sehens beschränkt. [...] Horizont ist der Gesichtskreis, der all das umfaßt und umschließt, was von einem Punkt aus sichtbar ist."[147] Genau genommen verweist Gadamer auf drei Horizonte, sofern wir die *Horizontverschmelzung* neben dem Gegenwartshorizont und dem Horizont der Überlieferung als einen dritten Horizont verstehen.

Verstehen von etwas, das der Vergangenheit angehört, verlangt, dass wir uns in den *historischen Horizont* versetzen, aus dem jenes spricht. Wenn wir also verstehen wollen, was Kant unter der Aufklärung meint, müssen wir uns vergegenwärtigen, was seine historische Situation ausmacht, wie das Verhältnis zwischen staatlicher Autorität und Bürger aussieht; was die Worte, die uns häufig fremd sind, meinen;

---

144 Ebd., 285.

145 Ebd.

146 Ebd.

147 Ebd. 286.

wie Kant angesichts der politischen Konstellation seiner Zeit es wagen kann, Selbst-Denken zu fordern; usw. Wir müssen uns in Kants Gedanken hineinversetzen. Aber – das ist nun Gadamers Forderung – es reicht nicht, den Horizont des Anderen wahrzunehmen; es ist zu wenig, den Standort des Anderen kennenzulernen.

> „So wie im Gespräch der andere, nachdem man seinen Standort und Horizont ermittelt hat, in seinen Meinungen verständlich wird, ohne daß man sich deshalb mit ihm zu verstehen braucht, so wird für den, der historisch denkt, die Überlieferung in ihrem Sinn verständlich, ohne daß man sich doch mit ihr und in ihr versteht. – In beiden Fällen hat sich der Verstehende gleichsam aus der Situation der Verständigung zurückgezogen. Er selber ist nicht antreffbar. Indem man den Standpunkt des anderen von vornherein in das miteinrechnet, was er einem zu sagen beansprucht, setzt man seinen eigenen Standpunkt in eine sichere Unerreichbarkeit."[148]

Wenn ich einen Text rein *historisch* verstehen will, dann geht mich das, was er zu sagen hat, nichts an; es ist sozusagen nur die Angelegenheit des Autors.

Den Horizont eines historischen Textes und seines Autors nehmen wir von dem Horizont unserer *Gegenwart* aus wahr. Die Vorurteile, die uns bestimmen und die wir mitbringen, bilden den Horizont unserer Gegenwart. Man muss immer schon einen eigenen Horizont haben, um sich in eine andere Situation, in einen historischen Horizont versetzen zu können – so wie man *sich* in die Lage eines Anderen versetzt.

> „Die hermeneutische Aufgabe besteht darin, diese Spannung [von eigenem und historischem Horizont] nicht in naiver Angleichung zuzudecken, sondern bewußt zu entfalten. Aus diesem Grunde gehört notwendig zum hermeneutischen Verhalten der Entwurf eines historischen Horizontes, der sich von dem Gegenwartshorizont unterscheidet. Das historische Bewußtsein ist sich seiner eigenen Andersheit bewußt und hebt daher den Horizont der Überlieferung von dem eigenen Horizont ab."[149]

---

[148] Ebd., 287.

[149] Ebd., 290.

Beide Horizonte – der eigene und der historische – haben sozusagen ihr Eigenrecht. Sie dürfen nicht verleugnet, nicht nivelliert werden. Aber wir müssen uns ihrer *bewusst* sein. Und sie bestehen *nicht isoliert* nebeneinander. Denn das macht Wirkungsgeschichte aus. Einerseits wirkt Vergangenheit in unsere Gegenwart herein, und andererseits werden vergangene Ereignisse und Zeugnisse aufgrund unseres gegenwärtigen Selbstverständnisses wahrgenommen und interpretiert. Gegenwartshorizont und historischer Horizont gehören zusammen.

> „Wenn sich unser historisches Bewußtsein in historische Horizonte versetzt, so bedeutet das nicht eine Entrückung in fremde Welten, die nichts mit unserer eigenen verbindet, sondern sie insgesamt bilden den einen großen, von innen her beweglichen Horizont, der über die Grenzen des Gegenwärtigen hinaus die Geschichtstiefe unseres Selbstbewußtseins umfaßt. In Wahrheit ist es also ein einziger Horizont, der all das umschließt, was das geschichtliche Bewußtsein in sich enthält.“[150]

Hier spricht Gadamer also gewissermaßen von einem dritten Horizont, einem „großen, von innen her beweglichen Horizont“. Denn der Horizont der Gegenwart ist „in steter Bildung begriffen“; er bildet sich nicht ohne die Vergangenheit.

> „Es gibt so wenig einen Gegenwartshorizont für sich, wie es historische Horizonte gibt, die man zu gewinnen hätte. *Vielmehr ist Verstehen immer der Vorgang der Verschmelzung solcher vermeintlich für sich seiender Horizonte.*“[151]

Diese „Horizontverschmelzung“ stellt sich jedoch nicht automatisch ein. Sie bedarf einer Anstrengung, nämlich als die „Aufgabe des wirkungsgeschichtlichen Bewußtseins“[152]. Damit wird nun *Verstehen* bestimmt und beschrieben als etwas, das über eine bloße Textinterpretation hinaus- und tiefer geht. Es bestätigt sich, was wir eingangs zu Gadamer gesagt haben, dass nämlich Verstehen nicht eine Methode im Rahmen eines hermeneutischen Verfahrens ist, sondern ein *Existential.*

---

[150] Ebd., 288.
[151] Ebd., 289.
[152] Ebd., 290.

Den begrifflichen Zusammenhang der Wirkungsgeschichte im Sinne Gadamers vergegenwärtigen wir uns in einem Schema (Abb. 32).

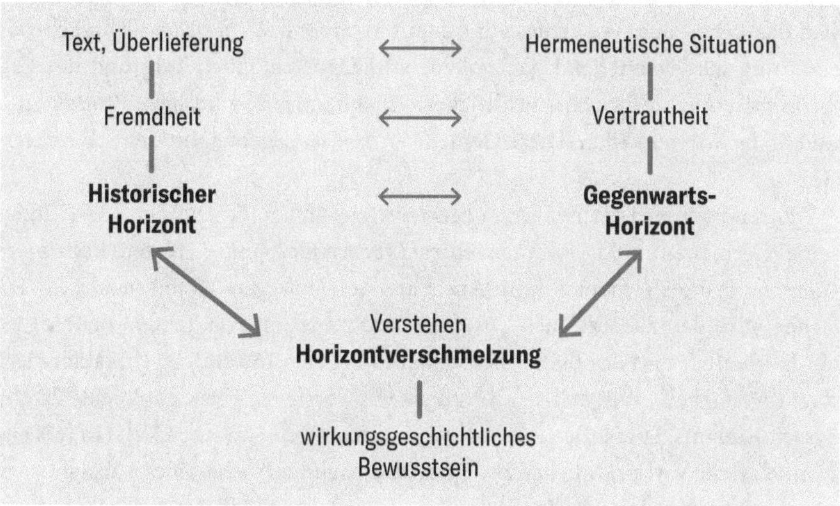

Abb. 32: Gadamer: Aspekte der Wirkungsgeschichte

5. Kurze Zusammenfassung und weiterführende Fragen

Mit Schleiermacher, Dilthey und Gadamer haben wir drei bedeutende Hermeneutiker vorgestellt; natürlich sind das kaum mehr als Hinweise. Denn es bedürfte intensiver Studien, sie gründlicher zu verstehen. Doch einige ihrer *Grundgedanken* sollten damit deutlich geworden sein. *Schleiermacher* sieht den Ausgang des hermeneutischen Text-Verstehens von zwei Seiten: Verstehen muss die Gesamtheit der Sprache beachten; und es muss sich auf das spezifische Denken des Autors einlassen. Das nennt er die grammatische und die ‚psychologische' Auslegung. Einen Text zu verstehen, bedeutet darum, die gegebene Sprache auszulegen, *und* das Denken des Autors nachzuvollziehen.

Dilthey nennt diesen letzteren Aspekt die „inverse Operation" des Verstehens. Anders als Schleiermacher stellt Dilthey den Verstehensvorgang in einen umfassenderen, tiefer gehenden Zusammenhang. In Texten, in Handlungen, in menschlichen Produkten müssen wir eine Äußerung des *Lebens* erkennen; auch Sprache ist eine Lebensäußerung. In Handlungen und in der Sprache drückt sich das Leben aus; Verstehen wird damit zu einem *Nacherleben;* eine Lebensäußerung wird verstehend nachvollzogen. Dies ist möglich aufgrund der *Gemeinsamkeit,* in der wir uns ausdrücken – in Sprache, Handlungen, Produkten – und in der wir verstehen. Diese Gemeinsamkeit ist gegeben mit dem objektiven Geist.

Während Schleiermacher eine *allgemeine* Hermeneutik anstrebt und Dilthey seine Hermeneutik im Rahmen einer *Lebensphilosophie* verortet, konzipiert *Gadamer* seine Hermeneutik im Anschluss an *Heideggers* Daseinsanalyse. Verstehen wird demnach zu mehr als einer Interpretation von Texten; denn es ist ein *Existential,* und das heißt, menschliches Leben, „Dasein", ist charakterisiert durch Verstehen. Wir existieren, indem wir verstehen. Das geschieht als ein *Sprach*-Ereignis. Sprachlich nähern wir uns einem gemeinsamen Verständnis an, nämlich dem Verständnis der zur Sprache stehenden Sache. Dies vollzieht sich nicht mit mathematischer Direktheit, sondern als Annäherung in der Bewegung des hermeneutischen Zirkels. Da Gadamers Hermeneutik sich auf historisches Verstehen konzentriert, hat das Verstehen als Horizontverschmelzung zentrale Bedeutung.

Geht es aber beim hermeneutischen Verstehen vor allem oder gar ausschließlich um die Überbrückung eines *Zeitenabstands,* um eine Annäherung von Gegenwartshorizont und historischem Horizont? Ist Hermeneutik nur „historische" Hermeneutik? Wir wollen ja nicht nur *historische* Texte, Ereignisse und Artefakte verstehen. Macht es Sinn, nach einer *Hermeneutik der Gegenwart* zu fragen in Abhebung zu Gadamers historischer Hermeneutik? Wenn wir Texte, aber auch andere ‚Lebensäußerungen' *unserer* Zeit verstehen wollen, dann haben wir es ebenfalls mit unterschiedlichen Denkweisen, Literaturformen und Ausdrucksformen zu tun. Anstatt des historischen Aspekts – des Zeitenabstands und der Horizontverschmelzung – kann dann vielleicht das Modell der Übersetzung unserem Verständnis eher helfen. Auch moderne Texte müssen interpretiert, ausgelegt, ‚übertragen' werden, auch *aus* der eigenen *in* die eigene Sprache. Das kann und muss dann allerdings immer auch die geschichtliche *Herkunft* von Sprache und Sache berücksichtigen: „Die Hermeneutik muß davon ausgehen, daß wer verstehen will, mit der Sache, die mit der Überlieferung zur Sprache kommt, verbunden ist und an die Tradition Anschluß hat oder Anschluß gewinnt, aus der die Überlieferung spricht."[153]

Verschiedene Denkweisen in der Gegenwart werfen unter anderem die Frage der *Ideologiekritik* auf, die zum Beispiel Ricœur und Habermas im Rahmen einer Hermeneutik fordern. Wenn Gadamer sagt, dass es nicht genügt, den historischen Horizont wahrzunehmen und davon gegenwärtig unberührt zu bleiben, müsste das dann nicht auch Ideologiekritik einschließen? Können wir beispielsweise eine literarische Darstellung der nationalsozialistischen fabrikmäßigen Vernichtung von Juden als bloße *Information* hinnehmen? Muss unser Entsetzen und Grauen nicht in Ideologiekritik und auch in eine ethische Frage übergehen? Aber welchen Platz hat unsere *Stellungnahme* in einer Hermeneutik? Möglicherweise könnte man dabei an Schleiermachers ‚psychologischer' Auslegung anknüpfen, bei der es – neben der grammatischen Auslegung der Sprache – um das Denken des Autors geht. Freilich lag Schleiermacher der Gedanke einer Ideologiekritik noch fern.

Wie muss außerdem eine Hermeneutik konzipiert sein, die nicht einen Zeitenabstand berücksichtigen und nicht eine Ideologiekritik einschließen kann, sondern die Verstehen anstrebt angesichts eines *Kultur-Abstandes?* Denn ein wesenhafter Kulturabstand kann nicht ohne weiteres durch eine Horizontverschmelzung überbrückt werden, weil es dabei um *grundverschiedene* Horizonte geht, die inkompatibel sein können. Oder wollen wir uns damit zufrieden geben, dass wir sagen, „alles Menschliche kann verstanden werden"? Wenn nicht, reicht dann Sprache als das universale Medium des Verstehens aus? Muss dann Hermeneutik, wie Ricœur es aufzeigt, nicht auch das Verstehen von *Handlungen* oder, mit Humboldt, von „*Weltansichten*" reflektieren?[154]

---

153 Ebd., 279.

154 Siehe Ricœur, Der Text als Modell; Bollnow, Paul Ricœur.

V. Die Gegenwart und Fremde verstehen

Am Ende des vorhergehenden Kapitels sprachen wir Fragen und Probleme an, die über eine Hinführung zur Hermeneutik hinausgehen. Wir sollten uns jener Fragen bewusst sein. Zudem wollen wir ja nicht nur Texte aus der Vergangenheit interpretieren, sondern auch aktuelle, die unserer Gegenwart entstammen. Ist es dann nicht sinnvoll, nach einer Hermeneutik zu fragen, die ein Verstehen insbesondere der *Gegenwart* reflektiert? Das muss jedoch immer auch die Herkunft, die geschichtliche Perspektive der Gegenwart mit bedenken. Nicht zuletzt sollten wir über unseren kulturellen Tellerrand hinaussehen und uns mit offenen Sinnen und bescheidenem Geist *fremdartigen Kulturen* und Gesellschaften aussetzen. Was sich dabei zeigt und was mit unserem Verstehen *geschieht,* will ausgelegt und interpretiert werden; und dann entdecken wir möglicherweise eine Grenze unseres Verstehens. Was bedeutet all dies für eine *Hermeneutik?*

1. Texte auslegen – Zum Beispiel Littells „Die Wohlgesinnten"

Befragen wir einen Roman unserer Tage in hermeneutischer Absicht und wählen wir dazu Jonathan Littells „Die Wohlgesinnten", auf Französisch veröffentlicht 2006, auf Deutsch 2008. Hier handelt es sich um die Geschichte eines SS-Offiziers während des Zweiten Weltkriegs, um seinen Umgang mit der Ermordung von Juden und Anderen, und im Letzten geht es – als Frage – um *unsere* Stellungnahme zum Geschehen.

Der zeitliche Rahmen des Romans spannt sich vom Beginn des Krieges gegen die Sowjetunion im Juni 1941 bis zum Ende des Zweiten Weltkriegs Anfang Mai 1945. Räumlich bewegt sich die Geschichte zwischen Berlin, Polen, Ukraine, Ungarn, Kaukasus bis Stalingrad mit einem Abstecher nach Paris und Antibes am Mittelmeer. Neben der deutschen Absicht dieses Krieges, ein „Großdeutsches Reich" zu schaffen, das bis an den Ural reichen sollte, wurden vor allem Juden systematisch in Massenhinrichtungen ermordet.

Die Erzählung des Romans versetzt sich in einen Täter, Dr. Maximilian Aue. Er wurde zunächst Jurist, dann Mitarbeiter des Sicherheitsdienstes der SS, schließlich SS-Offizier. Nach dem Krieg verbarg er sich in Nordfrankreich und war Direktor einer Spitzen-Fabrik. Littells Buch umfasst in der deutschen Übersetzung 1383 Seiten samt umfangreichem Glossar zur Organisation des NS-Staates. Dieser Umfang erlaubt mithilfe der Kapitelüberschriften eine inhaltliche Wiedergabe in nur wenigen Stichworten:

„Toccata“: Dr. Maximilian Aue stellt sich vor und zugleich ins passende Licht: „Ich habe meine Arbeit getan, mehr nicht.“ „Hier geht es nicht um Schuldgefühle oder Gewissensbisse.“ „Was ich getan habe, geschah in klarer Erkenntnis der Sachlage, in der festen Überzeugung, es sei meine Pflicht, es sei unumgänglich, mochte es auch noch so unangenehm und betrüblich sein.“ Und: „Ich bin wie ihr!“ Oder umgekehrt: Ihr seid wie ich, ihr hättet genauso gehandelt.

„Allemande I und II“: Aue wird Zeuge von Massenmorden an Juden, Ukrainern, Polen, Zigeunern, beispielsweise an 20.000 Menschen an nur einem Ort. Er hat „Zweifel an den Methoden“, sieht „Dilettantismus“ bei den Erschießungen und erkennt Gas als das „elegantere Mittel“. Dazu macht er Ermittlungen und schreibt darüber Berichte.

„Courante“: In Stalingrad erlebt er 1942/3 hautnah die deutsch-russischen Kämpfe, Nachschubprobleme und die deutsche Niederlage. Mit einem Kopfschuss wird er kritisch verwundet.

„Sarabande“: Anfang 1943 ist Aue wieder zurück in Berlin, geht auf Genesungsurlaub nach Paris und nach Antibes, wo er im Haus seiner Mutter deren Mann und sie selbst umbringt. Zurück in Berlin erhält er Arbeit in der Verwaltung des SS.

„Menuet (en rondeaux)“: In Berlin hat Aue nähere Kontakte zu Himmler und Eichmann, fährt auf Inspektionsreisen zu Konzentrationslagern, wiederholt auch nach Auschwitz, und berichtet über die dortigen Zustände. Dabei setzt er sich für eine Verbesserung der Verpflegung ein, um die Arbeitsleistung der Häftlinge zu erhalten. Auch in Ungarn geht es ihm um den Erhalt von Juden als Arbeitskräfte. Berlin steht unter zunehmender Bombardierung durch die Alliierten.

„Air“: Zu einem Erholungsurlaub nach einer Verletzung fährt Aue zum Haus seiner Zwillingsschwester nach Westpommern und verbringt dort mehrere Wochen allein mit inzestuösen und homosexuellen Fantasien.

„Gigue“: Sein SS-Freund holt ihn dort ab. Sie müssen vor der Roten Armee fliehen, vorwiegend zu Fuß zurück ins zerstörte Berlin. Aue tötet einen früheren homosexuellen Liebhaber und zum Schluss seinen langjährigen Freund.

Littells Roman wurde äußerst kontrovers aufgenommen. In Frankreich erhielt er 2006 den Grand Prix du Roman Français der Académie Française und den Prix Goncourt. Stefan Mesch zitiert einen Holocaust-Überlebenden, Jorge Semprún: „Ich war wie erschlagen von diesem Buch. Es ist *das* Ereignis unserer Jahrhunderthälfte.“[155] Süselbeck dagegen nennt 2008 das Buch eine „NS-Schwarte“ und attestiert dem Autor „literarische Unfähigkeit“[156]. Nach Micha Brumlik handle es sich „literaturwissenschaftlich um einen Müllhafen aus Pornographie, seiner Thematik nicht entsprechenden Erzählstil, angelesener Zeitgeschichte und nicht zu Ende gedachten moralphilosophischen Bruchstücken“[157]. Theweleit sagt: „Ich habe Furchtbares erwartet und Furchtbares bekommen … bis ich kapiert habe: das geht nur so; das geht nur in dieser Art Schreibe“[158]. Bei allem Schockierenden des Buches gesteht Mesch: „Ich hatte, zu meiner Überraschung, großen, großen Spaß“. Es gehe um Drastik, nicht um literarische Könnerschaft[159]. Einige Rezensenten bescheinigen Littell „absolute Exaktheit“. „Alles stimmt. Die Namen der Leute, die Orte“[160]. Iris Radisch hält dagegen: Von kostbaren Erkenntnissen könne keine Rede sein. Das Buch sei mehr als nur ein literarisches Spiel mit Dokumenten. Es sei eine *verstörende* Arbeit am nationalsozialistischen Mythos.[161] Ungebetene ausfantasierte Pornografie, Kitsch, NS-Geschwätz, literarische Unfähigkeit, überdosierte Ekelbilder, Zumutung, geschmacklos, nichts Neues … Das sind nur ein paar weitere Stichworte, die sich in den Buchbesprechungen abwechseln und wiederholen. Ich kann und will nicht noch eine weitere literarische Rezension dieses Buches anfügen. Mich interessiert

---

155 Mesch, Knapp vorbei, Deutschland.

156 Süselbeck, Nicht ohne Beispiel.

157 Zitiert in: https://de.wikipedia.org/wiki/Die_Wohlgesinnten#Rezeption_und_Debatte; siehe dort zahlreiche weitere Stellungnahmen.

158 Zitiert bei Süselbeck, Nicht ohne Beispiel.

159 Mesch, Knapp vorbei, Deutschland.

160 Lanzmann zitiert bei Süselbeck, Nicht ohne Beispiel.

161 Radisch, Am Anfang steht ein Missverständnis.

die Frage: Was hat das mit *Hermeneutik* zu tun? Oder: Kommt man dem Buch *hermeneutisch* näher?

Nun, jene Buchbesprechungen sind sicher keine hermeneutischen Abhandlungen, wie wir sie von Schleiermacher bis Gadamer kennengelernt haben. Dennoch sind sie Auslegungen von einem Text. Das Erstaunliche dabei ist hier die Kluft zwischen hohem Lob und radikaler Verdammung – etwa bei Jorge Semprún gegenüber Micha Brumlik oder Iris Radisch. Woher kommt das? Bei einer philosophischen, juristischen oder biblischen Text-Interpretation, aber auch bei der ganz alltäglichen Auslegung von Texten und Reden, handelt es sich um ein unmittelbares Verstehen einer *Sache;* die Sache selbst steht sofort im Fokus. Auch Gadamer verweist wiederholt auf die Bedeutung der Sache. Diese Unmittelbarkeit der Sache liegt aber bei einem literarischen Text insofern nicht vor, als wir es mit einer Erzählung oder einem Gedicht zu tun haben. Eine Sache wird uns dabei erzählend *vermittelt.* Wir haben es also mit einer Erzählung zu tun, die von einer Sache spricht. Wenn wir verstehend der Sache auf den Grund gehen wollen, müssen wir zweierlei Verstehensleistungen vollbringen: Wir müssen die Erzählung, den Text, so wie er gegeben ist, auslegen; und wir müssen der Frage nachgehen, was der Autor durch die Erzählung über die Sache hat sagen wollen, *was* vermittelt werden sollte. Auf unser Beispiel bezogen heißt dies: Wie müssen wir die Story, die uns Max Aue erzählt, interpretieren; und: was hat Littell damit zeigen wollen? Darum betont Radisch ganz richtig und fair: „Alle Widerwärtigkeiten, aller Kitsch, aller weltanschaulicher Schwachsinn, die in diesem Buch in quälender Ausführlichkeit verbreitet werden, gehen auf [Aues] Konto. Nicht auf Littells Konto.“[162] Man darf Littell nicht für etwas verantwortlich machen, was Aue, dem Protagonisten, zugeschrieben werden muss. Dennoch ist es *Littell* als Autor, der Aues Story erfunden und geschrieben hat mit allem, was sie ausmacht. Littell charakterisiert einen SS-Offizier, so wie *er* ihn zeigen will; damit gibt er seine Meinung über Nazis und ihre Taten kund. Und er stellt nur dar und lässt uns mit einer *Erklärung* im Stich. Das ist wohl das Provokative des Romans. Mit dem Warum, mit den Motiven müssen wir uns selbst auseinandersetzen.

Ein wesentlicher Unterschied zwischen allgemeiner Hermeneutik – der es um *Sinn-Verstehen* geht – und einer literarischen Hermeneutik liegt darin, dass Literaten auch *ästhetische* Maßstäbe anlegen. Denn literarische Hermeneutik macht den

---

[162] Ebd.

ästhetischen Charakter des Textes zu einer Prämisse, wie Szondi betont[163]. Damit begründen Rezensenten ihre Beurteilungen und Verurteilungen eines Autors; deshalb wird Littell gleichzeitig gepriesen und verdammt.

Unser *hermeneutisches* Anliegen lässt uns fragen, ob man einen Roman auch *nicht* als ein literarisches Kunstwerk beurteilen kann und darf, unabhängig von Stil und Ästhetik. Die zeitgeschichtliche, politische, gesellschaftliche und nicht zuletzt ethische Brisanz des *Themas* in Littells Buch fordert geradezu auf, die *Ästhetik* der Literaturwissenschaftler beiseite zu lassen. Aber vielleicht können und müssen alle stilistischen Schwächen und inhaltlichen Provokationen, die Littell vorgeworfen werden, auch als ein *Ausdrucksmittel* interpretiert werden, das Littells *Meinung* zur *Sache* betont; denn die von Rezensenten vorgebrachten Schwächen und Provokationen können auch dem erzählenden Protagonisten Aue, nicht dem Autor, zugeschrieben werden, was auch Radisch so sieht. Was Aue sagt, denkt und tut, ist nicht Littells Meinung und Intention. Der Autor übernimmt mit der Darstellung der *Sache* die Rolle des Teufels Advokat und fordert damit *uns* zur Stellungnahme heraus.

Anstatt einer literarischen Interpretation von Littells Roman wollen wir einige *hermeneutische Fragen* stellen.[164] Sie können zum Verständnis dieses Romans beitragen und umgekehrt zur Charakterisierung der hermeneutischen Sichtweise.

Was ist die Absicht Littells, seine Meinung zum Dargestellten, seine Botschaft? Was will er sagen? Diese Fragen setzen voraus, dass wir Littell als Autor ernst nehmen. Wenn wir aufgrund eines negativen Vorurteils entscheiden, er habe nichts zu sagen und die Weise seiner Darstellung sei abzulehnen, dann schneiden wir den *inhaltlichen* Dialog mit ihm ab. Für ein Ernstnehmen sprechen aber doch einige Fakten. Littell ist selbst Jude; und das systematische Töten von Juden kann ihn wohl kaum als ‚Stoff' für eine ‚action story' interessiert haben. Er versetzt sich in die Person eines Täters und beschreibt, was sich von einem Dritten von außen an ihm und in ihm erahnen lässt. Weshalb der Täter so handelt, was er denkt, was ihn bewegt, bleibt am Ende unbeantwortet und damit unbefriedigend, weil wir als Leser eine Motiv-Aufklärung erwarten. Doch unsere unerfüllte Erwartung ist der Perspektive des Beobachters, also des Lesers, nicht der des Täters geschuldet, denn der berichtet mit einem blinden Fleck seiner Sicht. Als Täter kann er sich selbst nicht gänzlich reflektieren, kann er sich nur in Verantwortungslosigkeit flüchten und in die Hal-

163 Szondi, Einführung in die literarische Hermeneutik, 13.

164 Vgl. Danner, Methoden, 68 f.

tung „ihr seid wie ich“. Er repräsentiert Nazi-Mentalität; darum stellt er nicht in Frage, weshalb Juden und Andere umgebracht werden und weshalb das sein darf. Er denkt und handelt in ‚Pflichterfüllung‘ und mit blindem Gehorsam. Die Provokation dieser Haltung und Mentalität wird dadurch verstärkt, dass Aue ein ‚Gebildeter‘ ist, gar einen Doktortitel hat, sich mit zahlreichen Reflexionen rechtfertigt, dass er klassische Musik, alte Literatur und Architektur schätzt. Unter anderem sagt uns Littell damit indirekt und schlicht: ‚Bildung‘ schützt vor Unmenschlichkeit nicht; die Frage wäre: *welche* ‚Bildung‘?

Hermeneutisch fragen wir nach der *Meinung* des Autors, nach dem *Sinn* des Inhalts. Littell überschreibt die Roman-Kapitel mit Satzbezeichnungen einer musikalischen Suite: „Toccata. Allemande. Courante …“[165]. Die Widmung seines Buches lautet: „Für die Toten.“ Er kündigt einen Tanz an, der sich als Totentanz herausstellt. Angesichts des Inhalts, den uns Aue berichtet, wirkt der Bezug auf musikalische Tanz-Sätze makaber; *darin* liegt eine Provokation des Autors. Ist nicht die gesamte Story, die er Aue vor uns ausbreiten lässt, makaber, herausfordernd? Erhalten wir darin nicht eine Antwort auf unsere hermeneutische Frage, was der Autor sagen will, was seine Meinung, was seine Botschaft ist? Aber, so können wir sogleich einen Einwand vernehmen, das ist doch nichts Neues; die Geschichte der Nazis und des Krieges kennen wir doch schon. Die Fakten wurden zwar vielfach dokumentiert und beschrieben; wie diese jedoch aus der Sicht eines überzeugten *Täters* gesehen werden, ist etwas Besonderes, auch wenn etwa Edgar Hilsenrath dies mit seinem Roman „Der Nazi & der Friseur“ schon 1971 zu zeigen versucht hat.[166] Littell konfrontiert uns also weniger mit dem bekannten Kriegsgeschehen als vordringlich mit einem Täter.

In hermeneutischer Sicht müssen wir uns als Leser fragen, ob wir das *Sinnhafte* dieses Romans erfassen wollen – was ist gemeint? Oder ob wir eine *Erklärung* für das Handeln dieses Täters erwarten, für seine Motive, für den Judenhass – warum ist das so? Die von Aue übernommene und ausgelebte Nazi-Ideologie ist dabei jenes Sinnhafte, die ‚Logik‘ seines Handelns. Diese stellt nicht die Frage, ob sein Denken und Handeln und das seiner Genossen *sinnvoll* im Sinne einer *allgemeingültig-ethischen* Rechtfertigung ist. Darum erhalten wir keine Antwort auf *unsere* Frage nach dem Warum. Im Rahmen des Sinnhaften und der Logik der Nazi-Ideologie wird

[165] Littell, Die Wohlgesinnten, 1385.

[166] Dittrich, Ein Gespräch mit Edgar Hilsenrath.

das Morden durchaus gerechtfertigt – es handle sich ja um unwertes Leben. Deshalb hat Aue keine prinzipiellen Skrupel.

Gerade dieser Aspekt wird durch das sogenannte „Höcker-Album“ auf drastische Weise vor Augen geführt.[167] Ein amerikanischer Nachrichtenoffizier hatte im Juni 1945 ein Fotoalbum in einem verlassenen Frankfurter Appartement gefunden, aber erst 2007 an das United States Holocaust Memorial Museum übergeben. Die Fotosammlung wurde von Karl Höcker angelegt, dem Adjudanten des letzten Kommandanten von Auschwitz-Buchenau. Die 116 Fotos des Albums zeigen „Auschwitz durch die Linse der SS“ – die Täter als Alltagsmenschen. Man sieht

> „scheinbar ‚gewöhnliche‘ Männer [und Frauen] bei harmlosen, trivialen Freizeitvergnügen: Sie singen, spielen mit ihren Hunden oder trinken ein Glas mit Freunden. Zeitpunkt und Ort jedoch sind alles andere als harmlos oder trivial, denn die Fotos entstanden in der Mehrzahl auf dem Gelände des Konzentrationslagers Auschwitz zwischen Juni und Dezember 1944 – genau in der Phase, als die Massenvernichtung mit bis zu 10.000 Opfern am Tag ihren Höhepunkt erreichte. Zwischen Mai und Juli 1944 ‚vergasten‘ die Deutschen mehr als 300.000 ungarische Juden […] – Während die Tötungsmaschinerie auf Hochtouren läuft, vergnügen sich SS-Offiziere und Helferinnen in Höckers Album bei einem Sommerausflug, picknicken, flirten und naschen frisch gepflückte Blaubeeren. Es erstaunt, wie augenscheinlich mühelos sie berufliche und private Belange in Einklang bringen. Gerade das mach die Bilder so bedeutsam.“[168]

Was Littell mit dem Protagonisten Aue literarisch darstellt, das führen die Fotos des Höcker-Albums anschaulich vor Augen: Das Morden und die abgrundtiefe Menschenverachtung haben für das SS-Personal die Qualität des Alltäglichen und Selbstverständlichen; der ‚Dienst‘ beeinträchtigt das ‚Private‘ nicht, und umgekehrt: Die einzelne Person scheint kein Problem mit ihrem Auftrag zu haben. Hier werden wir auf eine Frage an die Hermeneutik verwiesen, die wir noch gesondert ansprechen werden: Kann, darf Hermeneutik blind und taub sein für die *ethische* Perspektive des Interpretierten?

---

[167] Busch u. a., Das Höcker-Album.

[168] Ebd., 9: Aus dem Vorwort von Sara J. Bloomfield.

Wir müssen also in hermeneutischer Sicht eine Warum-Frage an den Text unterscheiden von dem Aspekt des Sinnhaften. Es geht hermeneutisch nicht um eine *Erklärung* des Sachverhalts, um Ursachen und Gründe, sondern um das Verstehen dessen, was gegeben und gesagt ist. In ähnlicher Weise müssen wir hermeneutisch unterscheiden zwischen einem psychologischen Verstehen und einem Sinn-Verstehen. In psychologischer und auch ästhetischer Sicht lassen wir uns gerade bei dem von Aue Geschilderten von Gefühlen leiten; wir sind entsetzt, angeekelt. Aber damit lassen wir uns durch unsere Gefühle den Blick auf die ‚Sache', auf das, was der Autor sagen und zeigen will, verstellen. Lassen wir uns dabei von unseren Aversionen gegen das Geschilderte leiten? Haben wir das Verstehen der ‚Sache' möglicherweise aufgegeben? Oder *wollen* wir den Autor verstehen? Auch hier drängt sich eine Frage an hermeneutisches Interpretieren auf, nämlich, kann das Interpretieren und Auslegen von der persönlichen *Betroffenheit* abstrahiert werden?

Eine hermeneutische Regel besagt, dass der Sinn nicht hineingetragen werden darf, sondern herausgeholt werden muss: „Sensus non est inferendus, sed efferendus"[169]. Das heißt also für unser Beispiel, dass wir zu verstehen versuchen sollen, was *Littell* sagen will, und nicht, dass wir ihm vorschreiben, was *wir* erwarten. Eine solche Erwartung hat zu tun mit unserem *Vorwissen* über die Judenvernichtung im Dritten Reich, über das Kriegsgeschehen, über die nationalsozialistische Ideologie. Unsere Erwartung kann aber auch in unseren *Vorurteilen* im negativen Sinn[170] bestehen, dass wir also vielleicht ein anderes Bild von einem Nazi-Täter haben oder haben wollen, als Littell es darstellt. Das Profil des Täters hat Littells vordringliches Interesse; dabei ist das Rahmengeschehen „nichts Neues", wie Littells Kritiker ihm vorwerfen. Die hermeneutische Frage richtet sich auf das Bild vom Täter. Sind wir bereit zu verstehen, wie der *Autor* den Täter zeichnet? Oder wollen wir ein Bild dargestellt sehen, das uns besser gefällt, nicht so pornografisch, weniger intellektuell, mehr selbstkritisch, gar ideologiekritisch?

Die Hermeneutik Gadamers vertritt das Selbstverständnis, eine „historische Hermeneutik" zu sein. Hierbei ist für Gadamer der „Zeitenabstand" wichtig und in diesem Zusammenhang die „Wirkungsgeschichte"[171]. Ist nun Littells Roman „Die Wohlgesinnten" ein historisches Werk? Der Text ist es nicht, denn die französische

---

169 Betti, Die Hermeneutik als allgemeine Methodik, 14 f.

170 Zu „negatives Vorurteil" siehe oben S. 83–86.

171 Siehe oben S. 111 ff.

Originalausgabe erschien 2006, also doch in unseren Tagen. Andererseits handelt Aues Bericht vor 75 bis 79 Jahren, berichtet somit Geschichte. Darum hat das im Roman zu Verstehende einen historischen Kontext. Dafür spricht auch der Nationalismus des 19. Jahrhunderts, der Nationalsozialismus ab 1919 als politische Bewegung, ein Antisemitismus mit uralter Tradition. Aber vieles reicht in die Gegenwart herein: überlebende Opfer und Täter, Neonazis, Antisemitismus, Rechtspopulismus, die fortwährende Auseinandersetzung mit dem Geschehen und seinen Folgen, nicht zuletzt die Überzeugung und Entscheidung, dass es keinen „Schlussstrich" – keinen „Zeitenabstand"? – geben darf. Der ‚Stoff' des Romans existiert also in seiner Bedeutung und Wirkung mitten unter uns und ist insofern nicht historisch, auch wenn bestimmte Handlungen mehrere Jahre zurückliegen. Aber – das ist nun die *hermeneutische* Frage: *Was* wollen wir interpretieren und verstehen? Das ist primär der *Text,* das Werk; das ist Littell und erst in zweiter Linie Aue, dieser dient quasi als Verständnishilfe. Denn es geht ja darum zu verstehen, was der *Autor* sagen will. Was bedeutet die enge Verquickung von historischem Stoff und zeitgenössischer Darstellung und Betroffenheit für Gadamers These des „Zeitenabstands"? Muss eine Hermeneutik der Gegenwart ohne diesen auskommen?

Noch einmal: Hier ist keine ausführliche Interpretation von Littells Roman beabsichtigt. Diese würde eine lange Abhandlung erfordern. Doch einige Aspekte sollten sichtbar geworden sein, die *hermeneutisches* Vorgehen und Fragen charakterisieren und von literarischem Kritisieren unterscheiden.[172] Eine Frage bleibt meines Erachtens noch offen. Wie geht Hermeneutik mit persönlicher Betroffenheit und ethischer Stellungnahme um? Zwar sollte sich hermeneutische Auslegung auf den Text und auf die Meinung des Autors konzentrieren. Aber insbesondere dieser Roman Littells kann uns angesichts des Geschilderten und der Einstellung des Protagonisten Aue nicht unbeteiligt lassen. Ich kann nicht sagen: Zwar verstehe ich hermeneutisch, was da gesagt ist, doch es geht mich nichts an. Dies fordert eine Frage an hermeneutisches Vorgehen heraus: Hat eine *ethische* Stellungnahme des Lesers und Interpreten in hermeneutischer Theorie einen Ort? Es geht ja nicht nur um den Bezug zur Sache und um die Logik der Darstellung, um grammatikalische Auslegung und um inhaltliche Einordnung in das Werk des Autors. Zwar muss Interpretieren all dies beachten. Doch gerade der Bezug auf die Sache – hier auf einen Täter, der

[172] Zur Texthermeneutik siehe u. a. Nassen, Texthermeneutik. Aktualität, Geschichte, Kritik; dort insbesondere Frank, Was heißt „einen Text verstehen"; Hiebel, Interpretieren.

sich der letzten Verantwortung entzieht – fordert meine *ethische* Stellungnahme heraus. Welchen Ort hat Ethik in einer Hermeneutik? Diese Frage betrifft insbesondere eine literarische Hermeneutik analog zur theologischen Hermeneutik, die auf den „Sitz im Leben" verweist, und zur juristischen Hermeneutik, die das Gesetz im Hinblick auf einen konkreten Fall interpretiert.

Das hermeneutische Verstehen und Auslegen des Romans können wir schematisch festhalten (Abb. 33).

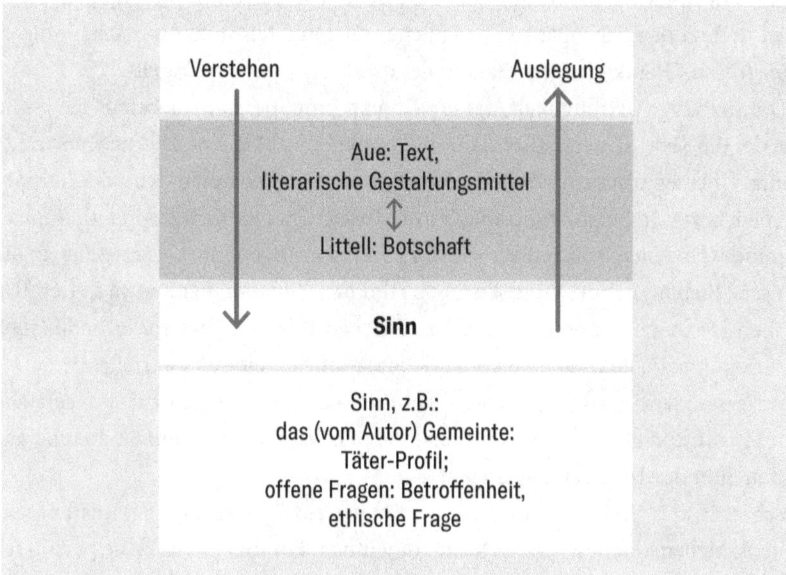

Abb. 33: Auslegung des Romans

Littells „Die Wohlgesinnten" macht mich persönlich betroffen. Als Dreijähriger war ich als Teil meiner Familie am 17. Januar 1945 auf der Flucht, und wir fuhren im überfüllten Flüchtlingszug vermutlich durch die Bahnstation Gleiwitz, die der Roman genau zu diesem Zeitpunkt beschreibt. Sicher ist das aufs Ganze gesehen eine unbedeutende Kleinigkeit; aber es verdeutlicht eine schicksalhafte Betroffenheit als Folge einer fürchterlichen Ideologie, die Aue verkörpert. Auch Kurt Kister[173] ist in dieser Weise persönlich Betroffener, wenn auch nicht genau zur Zeit des Gesche-

[173] Kister, Eine Geographie des Grauens.

hens. Als Kind wohnte er in der Nähe eines Schießplatzes, zwei Kilometer vom ehemaligen KZ Dachau entfernt, und trieb sich mit Spielfreunden dort herum. Auf dem Schießplatz waren zwischen 1.000 und 4.000 sowjetische Kriegsgefangene – 30 bis 50 am Tag – erschossen und dann im Krematorium des KZ verbrannt worden. Welcher Deutsche hat nicht nahe Verwandte, die Parteimitglieder der NSDAP gewesen sind oder die am Krieg als Soldaten teilgenommen haben? Können wir uns von solcher Betroffenheit und Unmittelbarkeit distanzieren? Kurt Kister merkt zum Roman an: „Vielleicht resultiert gerade aus der Nähe deutscher Leser zum Protagonisten, zum Sujet und zu den Schauplätzen des Buches die zum Teil so heftige Ablehnung der monströsen Charakterzüge Aues und der drastischen Sprache Littells."[174]

Die vielfältige Betroffenheit, die der Roman provozieren mag, bringt die ‚Sache', von der die Rede ist, persönlich nahe. Sie verbleibt nicht in einem fernen, abstrakten Raum. Über ein distanziertes hermeneutisches Verstehen hinaus wird der Interpret, werde ich, zur Stellungnahme aufgefordert. Hermeneutische Interpretation muss – zumindest in einem solche Fall, wie ihn Littell vor Augen führt – *übergehen* in eine ethische Stellungnahme. Eine Analogie zu dieser Situation kann etwa in der juristischen Hermeneutik gesehen werden; dort wird das als Text vorliegende Gesetz ausgelegt *im Hinblick auf* eine konkrete Situation, auf eine zu beurteilende Person. Das Verstandene wird ‚angewendet' auf die Situation. Bezogen auf das Verstehen von Littells Roman heißt dies, dass erst die persönliche Betroffenheit erlaubt, ganz in den Sinn des Textes einzudringen.

Schon in der Einleitung und dann immer wieder versucht Aue, uns auf seine Seite zu ziehen, damit wir seine Sicht einnehmen. Für ihn gibt es keine persönliche Entscheidung und Verantwortung: Wir tun unsere Pflicht, wir können nicht anders; wie ein auf einer Welle treibender Korken werden wir fortgetragen. Ich bin wie ihr; ihr seid wie ich. Das ist diabolische Indoktrination. Aues oder Littells? Ich meine, der Autor ist hier des Teufels Advokat. Und wir sind in der Gefahr, ihm auf den Leim zu gehen.

In ihrer Rezension spricht Iris Radisch von der Enttäuschung, dass Littell uns nicht über die Motive der NS-Täter aufklärt; deren tiefste Motive bleiben „ein ungelöstes Geheimnis". Doch können wir von dem *Ich-Erzähler* etwas anderes erwarten? Dass er, auf einmal geläutert, uns erklärt, *weshalb* er es prinzipiell und selbstverständlich für richtig findet, dass Juden und Andere lebensunwürdig sind,

[174] Ebd.

umgebracht werden müssen und Nazi-Deutsche dazu berechtigt sind – und dass dies eine unverzeihliche Verirrung ist? Littell stößt mithilfe seines Protagonisten unsere Nase auf die *Frage*, weshalb die *ethische* Orientierung des Großteils einer ganzen Nation und Generation versagt hat. Die Antwort auf diese Frage, die Auseinandersetzung mit ihr, bleibt *uns* überlassen. Ich, jeder von uns, muss dazu Stellung nehmen.

Populisten, Fremdenfeindliche, Antisemiten und Neonazis unserer Tage lassen uns zweifeln, ob in Deutschland und anderswo jene Frage überzeugend genug beantwortet worden ist, oder: ob eine allgemeine Bereitschaft zur ethischen Auseinandersetzung mit dieser Frage besteht.[175]

2. Verstehen wir fremde Kulturen?

Hermeneutik befasst sich mit dem Auslegen vor allem von Texten und hier insbesondere von Geschriebenem, weniger von Gesprochenem, auch wenn beispielsweise Schleiermacher im Allgemeinen von der „Rede" spricht. Dabei werden – fast selbstverständlich – die vertraute Sprache und die gewohnte Lebenswelt vorausgesetzt, auch wenn Gadamer oft den „Zeitenabstand" als hermeneutische Herausforderung nennt. Ein besonderer Fall der hermeneutischen Interpretation liegt schon vor, wenn von einer Fremdsprache in die vertraute übersetzt werden muss. Wir haben gesehen, dass das Übersetzen als ein Modell für hermeneutisches Auslegen gelten kann. Aber immer noch wird stillschweigend vorausgesetzt, dass man sich dabei in einer mehr oder weniger bekannten Lebenswelt bewegt.

Doch wie ist Verstehen möglich, wenn die Lebenswelt nicht vertraut ist, wenn Verstehen vor einem fremdartigen ‚Horizont' gefordert wird? Als ich nach etwa drei Jahren Arbeit und Leben in Ägypten wie schon früher in Frankreich Urlaub machte, kam ich verblüffenderweise nicht mehr im französischen ‚Ausland' an, sondern ich fühlte mich – vor dem ägyptischen Hintergrund – ‚zuhause'! Im Vergleich zu Ägypten waren mir das Leben und die Menschen in Frankreich *vertraut*. Dabei hatte ich nie längere Zeit in Frankreich gelebt, wohl aber in Ägypten. Was macht den Unterschied zwischen der ägyptischen und französischen Lebenswelt

[175] Siehe Schellhammer/Goerdeler, Bildung zum Widerstand; Danner, Bildung angesichts von Fremdenfeindlichkeit und Populismus.

für einen Deutschen aus? Das muss wohl mehr sein als die Sprachen, das Französische und das ägyptische Arabisch. Man kann vielerlei Aspekte anführen, weshalb die ägyptische Lebenswelt einem Deutschen fremder ist als etwa die französische: neben der arabischen Sprache und der islamischen Religion vor allem die Lebensweise, den Umgang miteinander, beeinflusst von der uralten pharaonischen und der neueren koptischen, dann türkisch beeinflussten Geschichte, die besondere geographische Situation des Landes, des Leben bringenden Nils in einer Wüste – usw. Aber, das sind *Erklärungs*momente für die Verschiedenheit und die Fremdheit. *Verstehen* wir *deshalb* ägyptische Mentalität? Das Erklären bietet Ursachen und Gründe an. Damit ist die ägyptische Eigenheit aber nicht *verstanden,* sofern wir Verstehen als *Sinn*-Verstehen bestimmen.

Verstehen wir fremde Kulturen? Ich vertrete die These, dass dies nur begrenzt möglich ist. Das heißt nicht, dass wir uns *völlig* fremd gegenüberstehen. Aber es gibt die Erfahrung von Grenzen des Verstehens. Zur Unterstützung meines Arguments berufe ich mich auf zwei Autoren, die aus Erfahrung sprechen: Der frühere kenianische Präsident Jomo Kenyatta beschreibt die europäische Schwierigkeit, Afrikaner zu verstehen:

> „Die Vermutung, den afrikanischen Geist zu kennen, wurde sehr häufig mit der üblichen Redeweise zum Ausdruck gebracht: ‚Ich habe lange Jahre unter Afrikanern gelebt, und ich kenne sie sehr gut.' Doch das ist weit von der Wirklichkeit entfernt; denn es ist ein großer Unterschied, unter Leuten zu ‚leben' und sie zu ‚kennen'. Während ein Europäer etwas über die Äußerlichkeiten des afrikanischen Lebens lernen kann, dessen Verwandtschaftssystem und dessen Ordnung, dessen eigentümliche Künste und malerische Zeremonien, kann er immer noch nicht den Kern des Problems erreicht haben [...] Mit einem Wort, er kann den Afrikaner mit seinen instinktiven Neigungen [...] nicht verstehen, der jedoch von seinen frühesten Tagen an gewohnheitsmäßige Ideen, Verbote und Formen der Selbstdarstellung eingeübt hat, die von einer Generation zur anderen weitergereicht worden sind und die dem Europäer in Afrika fremd, wenn nicht gar absurd sein müssen."[176]

---

[176] Kenyatta, Facing Mount Kenya, 155, Übersetzung HD.

Bartholomäus Grill blickt nach vierzig Jahren als Afrika-Korrespondent zurück und fragt zum Schluss: *„Was wissen wir schon über Afrika?"*[177]

Kenyatta und Grill sprechen von einem Nicht-Verstehen, von Grenzen des Verstehens. Woran liegt das? Warum können wir fremde Kulturen nicht vollkommen verstehen? Meine Beispiele beziehen sich auf Afrika. Aber das will nur exemplarisch verstanden sein; denn in anderen fernen Gegenden der Welt würden wir eine ähnliche Erfahrung der Fremdheit machen. Die Rede ist vom Verstehen von *Kulturen* und nicht bloß von Sprachen. Wir wollen und müssen auch ‚*Sachen*' verstehen, ähnlich wie bei unserem Beispiel, der Steinpyramide, deren Sinn und Zweck wir zu verstehen suchten. Dort ging es darum, eine von Menschen hergestellte Sache zu interpretieren. Wenn wir Kulturelles verstehen wollen, dann stellen wir Fragen an Artefakte, Einstellungen, Überzeugungen, gesellschaftliches und politisches Verhalten. Auch diese, nicht nur Sprache, haben einen Sinn, als Gegenstände eine Bedeutung und einen Zweck. Das Zuverstehende wie das Nicht-Verstehen sind hier zunächst vor-sprachlich; die Steinpyramide nehmen wir als eine Markierung wahr. Doch eine Markierung wofür? Eine solche Frage und das Verstehen-Wollen holen die Sache in den Bereich des Sprachlichen. Damit wird das Fremd-Verstehen zu einer hermeneutischen Angelegenheit.[178]

Hermeneutik als Text-Hermeneutik versucht, von der Sprache ausgehend die *Sache* zu erfassen und sie zu verstehen. „Der gedachte Sachverhalt […] und das Wort sind es, die auf das engste zusammengehören."[179] Sofern wir Kulturelles, das uns vor-sprachlich begegnet, verstehen wollen, befassen wir uns zuerst und zunächst mit (menschlicher) *Wirklichkeit* und mit ihrer Sinnhaftigkeit. Das Verstehen und Verstehen-Wollen gehen hier von der *Sache* aus, nicht von der Sprache wie bei einer Text-Interpretation. Was sich an der *Sache sinnhaft* erschließt, kann sprachlich formuliert werden; besser: man versucht, es in Sprache zu fassen; denn Verstehen ist ein *Sprach*geschehen auch im Außersprachlichen[180]. Umgekehrt gilt, worauf Demmerling aufmerksam macht, dass man nämlich Sprache mit der Praxis und dem

---

[177] Grill, Adieu, Afrika.

[178] Siehe hierzu u. a.: Bartmann, Nicht das Fremde ist so fremd; Brocker/Nau, Ethnozentrismus; Kämpf, Die Exzentrizität des Verstehens; Mall, Andersverstehen ist nicht Fremdverstehen.

[179] Gadamer, Wahrheit und Methode I, 403.

[180] Gadamer, Wahrheit und Methode II, 184.

Leben der Sprecher und Hörer verbinden muss, um sie zu verstehen.[181] Wenn wir auf diese Weise Fremdes in seinem Sinn verstehen wollen, versagt zuweilen unsere Sprache. Selbst Schleiermacher, der doch ausdrücklich von der Sprache ausgeht, stellt fest:

> „*Soweit sich das Verstehen der Rede aus der Natur des Satzes überhaupt ergibt, soweit geht die allgemeine Hermeneutik gewiß.* Allein, obwohl die Natur des Satzes als Denkakt in allen Sprachen dieselbe ist, so ist doch die Behandlung des Satzes in den verschiedenen Sprachen verschieden. Je größer nun in den Sprachen die Verschiedenheit der Behandlung des Satzes ist, desto mehr beschränkt sich das Gebiet der allgemeinen Hermeneutik, desto mehr Differenzen kommen in das Gebiet der allgemeinen Hermeneutik."[182]

Schleiermacher verweist also auf das Problem, dass Verstehen schon allein aufgrund der Verschiedenheit der Sprachen beschränkt ist und folglich in Frage gestellt werden kann. Eine allgemeine Hermeneutik, unsere Sprache und somit unser Verstehen stoßen an eine Grenze. Schon unter dem Aspekt der Sprach-Verschiedenheit sprechen wir wohl angemessen von ‚Fremdartigkeit' anstatt von ‚Fremdem'.

Bevor wir hierauf näher eingehen, seien einige hermeneutische Bereiche erwähnt, bei denen von *Wirklichkeit*, der Sache, ausgegangen wird, nicht von einem Text, ohne dass es sich dabei immer um Fremdartiges handeln muss.[183] Wenn *Archäologen* ihre Ausgrabungen zu deuten versuchen, geht es wie bei unserer Steinpyramide um die Interpretation von Gegenständen. Gegenständliches muss andererseits nicht historisch sein, wenn wir etwa *Architektur* in ihrer Sinnhaftigkeit auslegen[184]. Gadamer widmet den ersten Teil von „Wahrheit und Methode" der *Kunst* als Ausgang für seine Hermeneutik und spricht beispielsweise von einer reproduktiven Auslegung in Kunst und Musik.[185] Zur hermeneutischen Auslegung von *Musik* kann angemerkt werden, dass Musik nicht *wirklich* ist, wenn sie nicht *praktisch* interpretiert wird, indem die Noten-Schrift durch eine Aufführung hörbar gemacht wird; jede

---

181 Demmerling, Sinn, Bedeutung, Verstehen, 9.

182 Schleiermacher, Hermeneutik und Kritik, 88.

183 Siehe Gadamer, Wahrheit und Methode II, 434 f.

184 Zum Beispiel Rittelmeyer, Einführung in die Gestaltung von Schulbauten.

185 Gadamer, Wahrheit und Methode I, 293 f.

Aufführung dokumentiert eine bestimmte *Interpretation,* die ihrerseits vom Musiker theoretisch begründet werden kann. Eine Orchesterprobe können wir wie einen hermeneutischen Vorgang verstehen: Sie ist ein Hin- und Herübersetzen von Notenschrift in sprachlich Erklärtes und dies in hörbare Musik.[186] Ein anderer Bereich der Hermeneutik zeigt sich mit der Interpretation von *pädagogischem* Geschehen, also in einer pädagogischen Hermeneutik[187]. Schließlich sei noch auf die Auslegung und das Verstehen von *gesellschaftlich-politischen* Erscheinungen hingewiesen wie Antisemitismus, Fremdenfeindlichkeit oder Rechtsextremismus. Wie wir bei der Diskussion von Littells „Die Wohlgesinnten" festgestellt haben, wird eine hermeneutische Auslegung derartiger Ereignisse zu einer *ethischen* Interpretation und zur Frage nach Werten übergehen müssen.

In all den angedeuteten Bereichen geht es um ein Auslegen und Verstehen von vorsprachlicher Realität im Rahmen einer mehr oder weniger vertrauten Lebenswelt. Indem wir das Vorsprachliche in Worte zu fassen versuchen, bemühen wir uns, seinem jeweiligen *Sinn* nahe zu kommen. Dieser erschließt sich in der Regel durch ein Hin- und Hergehen zwischen Wahrgenommenem und artikuliertem Verstehen. Je mehr die zu verstehende Sache Teil unserer vertrauten Welt ist, um so näher kommen wir ihrem Sinn, um so angemessener verstehen wir sie.

Unsere Frage lautet jedoch, ob wir *fremde* Kulturen verstehen – oder vielmehr: verstehen *können.* Damit erweitern wir unsere Fragestellung von hermeneutischem Textverstehen auf ein Verstehen von Kulturellem. Dies scheint notwendig zu sein, wenn wir nicht nur Sprachen auslegen wollen, sondern darüber hinaus auch das, *wovon* überhaupt die Rede ist, von der ‚Sache', von Kulturen, die als fremde überdies unvertraut sind. Wir sollten uns bewusst sein, dass dies keine rein akademische Frage ist. Denn konkrete gesellschaftliche und politische Probleme konfrontieren uns mit der Frage des Verstehens auch von unvertrauten Kulturen; sie stellt sich aktuell, weil Fremde, Ausländer, Flüchtlinge mit uns leben. Doch sie werden von einem Teil der Gesellschaft abgelehnt, ausgegrenzt und bekämpft. Ein *Teil* dieser Ablehnung rührt von einem *Nicht-Verstehen* her. Dieses Nicht-Verstehen beruht – neben einem fehlenden Willen – auf der *Fremdartigkeit* der abgelehnten Menschen. Es ist eine Fremdheit, die tiefer geht als die Feststellung, dass mir jeder Mensch im Letzten un-

186 Vgl. Richter, Musik verstehen.

187 Danner, Methoden; Danner, Was ist *pädagogische* Hermeneutik?; Rittelmeyer/Parmentier, Einführung in die pädagogische Hermeneutik; Smith, Interpreting educational reality.

zugänglich ist oder dass ich mir selbst fremd bin[188]. Neben dem Verstehen-Können bleibt die Forderung nach einem Verstehen-Wollen; dies hat nicht nur theoretische, sondern vor allem praktische Bedeutung angesichts der täglichen Begegnung mit Fremden. Aber, darauf weist unter anderem Bredella hin, Verstehenwollen darf nicht Ausdruck eines Macht-Willens, eines Beherrschen-Wollens, sein[189].

Es ist sinnvoll, von *Fremdartigkeit* zu sprechen, die sich aus der Differenz von sehr unterschiedlichen Kulturen ergibt. Ein Japaner, ein Inder, ein Tansanier ist *mir* – aufgrund *meiner* Herkunft – fremder, *wesenhaft* fremder, als ein Europäer oder Amerikaner, bei allen Verschiedenheiten, die auch uns trennen mögen. Die Frage nach dem Verstehen von fremden Kulturen wird zur Frage nach einem Verstehen des *Fremdartigen.* Gadamer spricht im Sinne einer „historischen Hermeneutik" vom „*Zeitenabstand*", der hermeneutische Bedeutung hat[190]. Der historische Zeitenabstand kann wirkungsgeschichtlich interpretiert werden. Wenn aber nicht die *historische* Distanz die Herausforderung für das Verstehen ausmacht, sondern eine *kulturelle* Fremd*artigkeit,* dann müssen wir von einem *Kulturabstand* sprechen. Dieser zeigt sich ja nicht in einem historischen Abstand – vielleicht auch –, sondern durchaus als ein Abstand in der Gegenwart. Das Verstehens-Problem ist also dann keines von Horizonten der Gegenwart und der Geschichte, sondern eines von Horizonten der vertrauten und der fremdartigen Kultur. Wir können auch von einem Abstand von *Welten* sprechen, von einer vertrauten und einer fremdartigen Welt. Denn „bei der Begegnung mit dem Fremden treffen Menschen mit ihren jeweiligen Welten in einem bestimmten Kontext aufeinander"[191].

Gegenwärtiges koloniales Denken zeichnet sich dadurch aus, dass Fremdartiges anderer Kulturen als ein Entwicklungsrückstand verstanden wird – ‚die sind noch nicht so weit wie wir'. In Wahrheit ginge es aber darum, die *Andersartigkeit* von Denken und Wahrnehmung von Welt zu akzeptieren.[192] Was heißt das für eine Her-

---

188 Siehe Waldenfels, zum Beispiel Topographie des Fremden; Schellhammer, Fremdheitsfähig werden.

189 Bredella, Ist das Verstehen fremder Kulturen wünschenswert?, 11–16.

190 Gadamer, Wahrheit und Methode I, 275 ff.: Die hermeneutische Bedeutung des Zeitenabstands; ebd. 250 ff.: Erhebung der *Geschichtlichkeit* des Verstehens zum hermeneutischen Prinzip; ders., Wahrheit und Methode II, 63–65.

191 Fornet-Betancourt, Hermeneutik und Politik des Fremden, 50. Vgl. auch Bredella, Ist das Verstehen fremder Kulturen wünschenswert?

192 Siehe hierzu: Danner, Das Ende der Arroganz, 159 ff.

meneutik? Gadamer sieht die Aufgabe einer Übersetzung von einer Sprache in die andere und von einer Kultur (!) in eine andere darin, dass dadurch eine Gemeinsamkeit hergestellt wird, damit ein Verstehen ermöglicht wird. „Es ist die Aufgabe der Hermeneutik, dies Wunder des Verstehens aufzuklären, das […] eine Teilhabe am gemeinsamen Sinn ist. […] Das Ziel aller Verständigung und alles Verstehens ist das Einverständnis in der Sache."[193] Aber darin besteht nun gerade die eigentliche Schwierigkeit und Frage: Was ist, wenn es *kein* Einverständnis in der *Sache* gibt? Gibt es hier eine „Horizontverschmelzung"?

Um uns einer Antwort auf diese Fragen anzunähern, sehen wir uns zwei Beispiele an. Das erste ist eine Abbildung eines Stuhls aus der Tschokwe-Region in Angola, Afrika; das zweite fragt nach afrikanischen kulturellen Eigenheiten.

Abb. 34: Stuhl aus Angola

[193] Gadamer, Hermeneutik II, 58.

Der Stuhl besteht aus Holz, die Sitzfläche aus Leder (Abb. 34). Zahlreiche Nagelköpfe verzieren die oberen und seitlichen Ränder des Sitzes sowie die gekurvten Seitenteile der Rückenlehne. Die Geschlechtsmerkmale der Figuren sind deutlich ausgeprägt, so bei der stehenden Frau am vorderen (von vorne gesehen) linken Stuhlbein und beim stehenden Mann auf der rechten Seite; die Frau hält ihre Brüste. Alle Figuren sind nackt. Ganz oben steht links eine Frau und rechts ein Mann. Im Mittelteil zwischen Sitz und Boden sehen wir Figurengruppen: Vorne halten zwei kniende Männer die Brüste der Frau, die zwischen ihnen sitzt; sie hält ihre Hände auf dem Kopf. Auf derselben Ebene auf der rechten Seite arbeiten zwei Figuren mit einem Mörser, hinten halten zwei Personen vermutlich eine Truhe, und links heben zwei ein Boot in die Höhe. Diese letzteren drei Figurengruppen lassen keine Geschlechtsmerkmale erkennen. Wiederum sehr deutlich sind in der Mitte der Rückenlehne zwei Männer und eine Frau zu erkennen; sie sind ebenfalls nackt und halten sich an gestreckten Armen und Beinen, die Frau in der Mitte. Im oberen Teil der Rückenlehne sehen wir auf verziertem Hintergrund einen Mann in der Mitte und zu seinen Seiten zwei Frauen; alle drei tragen einen Kopfschmuck; der der Frauen sieht aus wie eine spitze Mütze; der Kopfschmuck des Mannes ist weit ausladend; seine abgewinkelten Beine lassen eine sitzende Haltung vermuten; er trägt auf der Brust einen großen Schmuck.

Wovon erzählt der Stuhl? Was bedeuten die Figuren und das, was sie tun? Ich *vermute*, es könnte sich um einen Hochzeitsstuhl für einen hochgestellten Mann, einen ‚leader', handeln. Daraufhin deuten das klare Geschlecht der Figuren – Männer und Frauen –, sowie die Gegenstände – Mörser, Truhe, Boot, die vielleicht Geschenke sind. Sicher könnte uns ein Ethnologe eine bessere und wohl richtigere Deutung dieses Stuhls geben. Wir können aber annehmen, dass der Stuhl kein Alltagsmöbel ist, sondern besonderen Anlässen dient, wohl einer Zeremonie. Übrigens weisen darauf nicht nur die verzierenden Darstellungen hin, sondern auch das Sitzen auf diesem Stuhl; er ist ungewöhnlich hoch und vor allem ungemütlich; man kann sich nämlich nicht bequem anlehnen.

Was nun aber in *hermeneutischer* Sicht wichtig zu sein scheint, ist, dass wir den *Gegenstand* sprechen lassen und ihn nicht mit unserer Deutung festlegen und einschränken. Vielleicht hat der Stuhl nichts mit einer Hochzeit zu tun und ist der Thron eines ‚leaders', eines Fürsten oder Königs? Was wir dargestellt sehen, sind Männer und Frauen, arbeitende Menschen und durch Symbole herausgehobene Personen. Wenn wir uns von einem Ethnologen Genaueres sagen lassen – Herkunft, Verwendung, Bedeutung –, werden wir mehr über den Stuhl *wissen*. Die Frage bleibt, ob wir damit besser *verstehen*, ob wir damit in die Welt, in die er gehört und aus der er spricht, eindringen, ob wir gewissermaßen *hinter* die äußere Erscheinung dringen können. Was sind *Sinn* und Bedeutung dieses Gegenstandes? Bleibt er uns bei aller Information und Beschreibung nicht im Letzten fremd? Zur Erinnerung: Hermeneutisch geht es um Sinn-Verstehen.

Es gibt einen weltweiten afrikanischen ‚Kunst'-Markt; große europäische und amerikanische Museumsarchive sind mit afrikanischen Gegenständen angefüllt. Als Folge der Kolonialgeschichte herrscht ein Streit über deren rechtmäßige Eigentümer.[194] Von *hermeneutischem* Interesse ist hierbei, dass man sich aus *europäischer* Sicht um afrikanische ‚*Kunst*' streitet. Aber ist etwa der vorgestellte afrikanische Stuhl ein ‚Kunst'-Werk? Wir mögen ihn als kunstvoll gestaltet wahrnehmen; und viele andere afrikanische Gegenstände sind unter dem Aspekt von Kunst besonders schön und wertvoll. Aber *verstehen* wir jene Gegenstände, wenn wir sie mit der Brille der Kunst betrachten? Übersehen wir dabei nicht ihren *spirituellen* Zweck und die entsprechende Bedeutung, die sie in der Regel haben? Sind wir in der Lage, diese spirituelle Meinung zu verstehen? Hermeneutisch müssen wir also unser Verstehen darauf richten, was mit dem Gegenstand *gemeint* ist. Das hermeneutische Woraufhin, der Skopus, muss nach dem Sinn der Sache fragen. Indem wir afrikanische spirituelle Gegenstände in europäischen Museen lagern und auf dem Kunstmarkt versteigern, ent-spiritualisieren wir sie zudem für die genuinen Eigentümer, und sie werden für diese spirituell bedeutungslos; sie verlieren ihren Sinn. Dies ist *auch* eine Folge des Kolonialismus.

Dieser eine Gegenstand, der angolanische Stuhl, weckt Fragen: Wozu dient er? Für eine Zeremonie und wenn, für welche? Was bedeutet die Zeremonie? In welchem Verhältnis stehen die Darstellungen dazu? Welche Bedeutung haben sie? Was ist der Sinn und der Zweck der Zeremonie? Bekämen wir Auskunft auf unsere Fragen von einem Eingeweihten, also von einem, der Teil des Geschehens ist, könnten wir ihm folgen und ihn *verstehen?* Der vorgestellte Stuhl steht als Beispiel für eine grundsätzliche Frage: Sind wir in der Lage, andere Kulturen, andere Formen des Denkens und verschiedene spirituelle Deutungen des menschlichen Lebens zu verstehen? David Signer gesteht:

194 Heller: Verkaufte Götter (Dokumentarfilm); Sarr, Afrotopia; Mbembe. Kritik der schwarzen Vernunft; siehe auch den SZ-Artikel „Verscherbelt", der am 25./26. Juli 2020 über die nigerianische Nok-Kultur berichtet.

> „Während dreier Jahre hatte ich Gelegenheit, mich mit der Gedankenwelt, dem Leben, den Methoden und der Umgebung der Heiler und Heilerinnen in Westafrika vertraut zu machen. Und obwohl mir diese Welt heute in gewisser Weise vertrauter ist als beispielsweise die Schweizer Bankenwelt […], ist sie in anderer Hinsicht auch immer rätselhafter geworden."[195]

Signer *weiß* nach drei Jahren mehr über die spirituelle Welt Westafrikas, aber er *versteht* sie deshalb nicht nur nicht, sondern vielmehr noch weniger; ihm wird immer mehr bewusst, dass er sie nicht versteht.

Die Frage des Verstehens müssen wir in einen größeren Zusammenhang stellen. Dazu werfen wir einen Blick auf die afrikanische Gesellschaftsstruktur, Ethik und Spiritualität.[196]

„Der Einzelne kann nur sagen: *Ich* bin, weil *wir* sind, und da wir sind, deshalb bin ich."[197] So beschreibt der Kenianer John Mbiti die traditionelle afrikanische Gesellschaft. Demnach existiert der Einzelne nicht als Monade, sondern *durch* den und die Anderen. Das Fundament des afrikanischen Einzelnen, seine Existenzgrundlage, ist die Gemeinschaft, sind also die anderen Personen. Der Einzelne existiert *als* integraler Teil der Gemeinschaft; die afrikanische Sozialstruktur hat ihren Anfang in der *Gemeinschaft.* Diese muss als *konkrete* Gemeinschaft verstanden werden: als die Großfamilie, der Clan, der Stamm. Die Gemeinschaft ist zum einen hierarchisch strukturiert; die Elders haben eine dominierende Rolle. Zudem gibt es eine *horizontale* Bindung und Verpflichtung derer, die zu einer Altersgruppe gehören und die – zumindest traditionell bei den Kikuyu – im selben Jahr beschnitten und initiiert worden sind. Im Westen sind die *Individuen* die Basis der Gesellschaft, während im afrikanischen Denken die Gemeinschaft die Basis für das Individuum ausmacht.

Ein Sprichwort der kenianischen Luhya charakterisiert die Priorität der *Person* vor der Sache bzw. vor *abstrakten ethischen* Normen: „Dein Bruder ist dein Bruder, selbst wenn er stinkt."[198] Aufgrund unserer Gemeinschaft gehören wir zusammen; das Mitglied der Familie, des Clans und des Stammes ist mein ‚Bruder' oder meine ‚Schwester'. Wir sind uns gegenseitig verpflichtet – auch wenn einer ‚stinkt', also sich gegen die Gemeinschaft

---

[195] Signer, Die Ökonomie der Hexerei, 9.

[196] Siehe zum Folgenden: Danner, Das Ende der Arroganz, 55–134.

[197] Mbiti, African Religions, 180 f.

[198] Makumba, Introduction to African Philosophy, 155.

verhält. Moral wird nicht durch abstrakte Normen und Gesetze bestimmt wie im Westen, sondern durch die andere *Person*, die zur konkreten Gemeinschaft gehört. Das persönliche Verhältnis innerhalb der Gemeinschaft hat Priorität. Offensichtlich kämen wir hier mit einer Hermeneutik, die sich auf das Auslegen von Texten beschränkt, nicht sehr weit; denn der schlichte Satz „Dein Bruder ist dein Bruder, selbst wenn er stinkt" bedarf einer kulturellen, gesellschaftlichen und letztlich auch einer spirituellen Interpretation, um seinen *Sinn* angemessen – wenn überhaupt – verstehen zu können.

Im Gegensatz zu den jüdischen, christlichen und islamischen Religionen, deren Gott im Jenseits existiert und von dort in die Welt hineinwirkt, ist das *Spirituelle* im afrikanischen Leben Teil *dieser* Welt. Es ist eine *andere Sicht* auf diese Welt, in der wir leben und handeln. Nach John Mbiti „sind das Physische und das Spirituelle nur zwei Dimensionen von ein und demselben Universum. Afrikaner ‚sehen' jenes unsichtbare Universum, wenn sie die sichtbare und greifbare Welt anschauen, hören oder fühlen."[199] Das Spirituelle, die Geister, die Ahnen sind in dieser Welt *anwesend*, und sie *handeln* in dieser Welt. Vorgänge des Alltags werden spirituell erklärt; es handelt sich um eine ‚spirituelle Rationalität', nicht um ein ‚irrationales' Denken. Diese Spiritualität kennt viele Formen; sie ist in Westafrika ausgeprägter als in Ostafrika[200], doch hier wie dort geht man zu Witchdoctors, kennt heilige Bäume und Orte, glaubt an die magische Kraft von Körperteilen der Albinos und verfolgt und tötet nicht zuletzt Frauen und ältere Männer als Hexen.[201] Die angedeuteten Unterschiede zum Westen können wir schematisch festhalten (Abb. 35).

	Afrika	Westen
Sozialstruktur	**Basis**: Gemeinschaft ↓↓↓ Individuum	**Basis**: Individuen ↓↓↓ Gesellschaft
Ethik	**1.** Person 2. Sache, Gesetze	**1.** Sache, Gesetze 2. Person
Religion/Spiritualität	Geister **in** der Welt	Gott im **Jenseits**

Abb. 35: Unterschiede: Afrika und der Westen

199 Mbiti, African Religions, 57.

200 Signer, Die Ökonomie der Hexerei.

201 Siehe zu diesen Zusammenhängen: Danner, Das Ende der Arroganz, 55–134.

Wir müssen den vorgestellten angolanischen Stuhl in dem skizzierten afrikanischen gesellschaftlichen, ethischen und spirituellen Kontext sehen. Unser Versuch, den Zweck und den Sinn dieses Stuhls – und jeden anderen vergleichbaren Gegenstandes – zu verstehen, muss diese kontextuellen Dimensionen berücksichtigen. Damit verbietet sich ein kurzsichtiges Urteilen über den Gegenstand – etwa ein ästhetisches Urteil oder über seine Brauchbarkeit als Zimmerschmuck.

Eine Hermeneutik, die sich mit anderen Kulturen auseinandersetzt, also eine interkulturelle Hermeneutik, muss unterschieden werden von einem ethnografischen Vorgehen, wie es etwa mit Clifford Geertz's „dichter Beschreibung" fremder Kulturen vorliegt.[202] Deren Erkenntnisinteresse fragt auf der Ebene von Bedeutungen nach *Symbolen* und *Strukturen*. Es geht Geertz nicht um ein Verstehen von *Sinn* von Handlungen und Ereignissen. Dichte Beschreibung folgt dem Modell eines linguistischen Sprachverständnisses, während Hermeneutik Sprache als Auslegung von Welt, als „Weltansicht", versteht. So kann auch Übersetzung nicht als Modell für ethnologische Interpretation so wie bei einer hermeneutischen Auslegung angewendet werden; jene ist vielmehr auf ein Strukturieren des untersuchten Gegenstandes aus. „Dichte Beschreibung" trägt vorgefasste Begriffe und Konzepte in ihre Interpretation hinein, weil sie von der ‚Welt' des Forschers ausgeht und von ihr bestimmt bleibt. Diese Interpretation ist also von einem bleibenden ‚negativen' Vorurteil behaftet, während ein positives Vorurteil im hermeneutischen Verständnis durch das zu Verstehende korrigiert wird.[203]

„Dichte Beschreibung" erhellt durch das Beschreiben und durch ein Kategorisieren den Gegenstand, macht ihn dadurch zugänglicher und überschaubarer. Aber *dadurch* wird er nicht in seinem *Sinn* verstanden. Zwar kann ethnologische *Beschreibung* als solche verstanden werden; damit wird aber das *Beschriebene* nicht in seinem Sinn verstehbar. Beispielsweise können die Handlungen eines Witchdoctors und deren Effekte beschrieben, ja gefilmt, werden; was dabei aber vor sich geht – auch als Imagination –, bleibt westlichem Verstehen verschlossen.[204] Das gilt etwa auch bei der traditionellen, nach wie vor praktizierten Namensgebung bei den Kikuyu. Beschreibend stellen wir fest, dass der erste Sohn den Namen des väterlichen

[202] Geertz, Dichte Beschreibung; ders., The Interpretation of Cultures; Danner, Hilft die „dichte Beschreibung".

[203] Zur Unterscheidung von positivem und negativem Vorurteil siehe oben S. 83–86.

[204] Siehe Signer, Die Ökonomie der Hexerei.

Großvaters erhält, der zweite Sohn den Namen des mütterlichen Großvaters, der dritte Sohn den Namen des ältesten Bruders des Vaters, usw.; die erste Tochter erhält den Namen der väterlichen Großmutter, die zweite Tochter den Namen der mütterlichen Großmutter, die dritte Tochter den Namen der ältesten Schwester des Vaters, usw. Aber welchen *Sinn* hat das Beschriebene? Im Verständnis der Betroffenen gehen Namengeber und Namenempfänger eine Art Identität ein. Können *wir* Europäer das – über die Beschreibung hinaus – *verstehen?*

Unsere Darstellung afrikanischer Gesellschaft, Ethik und Spiritualität ist nicht mehr als eine skizzenhafte Beschreibung. Eine strenge hermeneutische Interpretation wäre dadurch herausgefordert, dass wir mit unserem analysierenden Vorgehen und auch mit unserem moralischen Maßstab an eine anscheinend unüberwindbare Grenze stoßen, an ein Nicht-Verstehen. Das ist etwa der Fall bei der *Beschneidung* von Mädchen und Frauen, die wir „female genital mutilation" nennen, weibliche Genital-*Verstümmelung. Wir* mögen hierin eine grausame Verstümmelung und die Unterdrückung der Frau erkennen. Aber im afrikanischen und arabischen Kontext hat die Beschneidung einen *Zweck* und eine Bedeutung, nämlich die Initiation in das Erwachsenenalter.

Solche Beobachtungen und Beschreibungen sind nicht mehr als der Versuch eines Verstehens. Im Letzten bleiben wir aber vor einer Mauer des *Nicht-Verstehens* und des Nicht-Akzeptieren-Könnens stehen; grundlegende Werte unseres Welt-, Menschen- und Gesellschaftsbildes werden verletzt, selbst wenn wir den Ablauf einer Handlung ethnografisch, das heißt intellektuell beschreiben und erklären können. Ähnlich geht es uns etwa auch bei anderen Zeremonien, die mit Zauberei und Witchcraft zu tun haben, bei Hexenverfolgung, bei okkulten Menschenopfern oder bei islamischen Ehrenmorden. Derartige Beispiele sind unzählig und natürlich nicht auf Afrika beschränkt. Zum einen verstehen wir die ‚Rationalität' und Logik nicht, den spirituellen ‚Mechanismus', der solchen Handlungen und Überzeugungen zugrunde liegt; zum anderen können wir vieles aus ethischem Grund nicht akzeptieren. Wir sind mit Fremd*artigem* konfrontiert.[205]

Das Nicht-Verstehen eines kulturell Fremdartigen, das an einem Ereignis des ansonsten verständigen Zusammenlebens auftreten mag, kann mit einem hermeneutischen Zirkel angedeutet werden (Abb. 36).

---

[205] Siehe Danner, Von westlicher Arroganz: „3. Das Fremde und das Fremdartige".

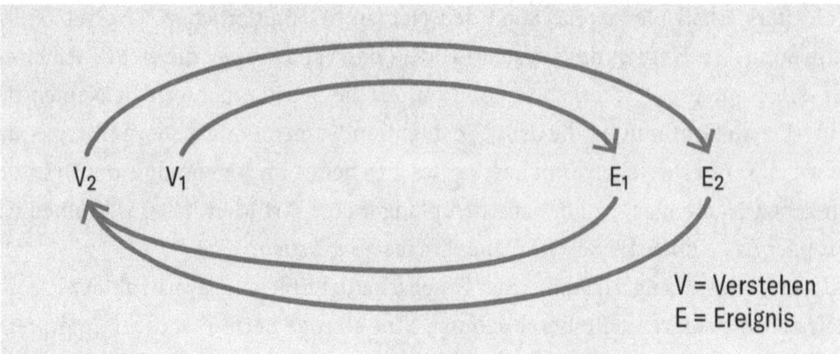

Abb. 36: Hermeneutischer Zirkel des Fremdartigen

Das Nicht-Verstehen, das sich im Schema daran zeigt, dass Verstehen über V_2 nicht hinausgeht, dass sich also ein geschlossener Zirkel ergibt, liegt daran, dass ein *Verstehen* aus der Sicht der ‚Welt A' möglich sein sollte, also zum Beispiel aus der Sicht der westlichen ‚Welt', während das *Ereignis* der ‚Welt B' angehört, also zum Beispiel der afrikanischen ‚Welt'. Das Ereignis wird in afrikanisch magischer Sicht anders gedeutet, ‚erklärt', als das rationale westliche Verstehen es zulässt. Wenn es in der westlichen Welt keinen magischen Zusammenhang bei einem Verkehrsunfall gibt, sondern kausale Zusammenhänge – Versagen der Technik oder eines Fahrers –, dann kann die afrikanische Erklärung für den Unfall nicht verstanden werden, wenn es heißt, das Fahrzeug und der Fahrer seien *verhext* worden. Solche Zusammenhänge sind keine abstrakte ‚Theorie', sondern könnten durch viele Beispiele belegt werden. Ich erinnere mich an eine derartige Argumentation eines kenianischen Universitätsprofessors und Politikers, dessen Bruder bei einem Verkehrsunfall ums Leben kam.

Aber – die Ablehnung eines magischen Zusammenhangs bei einem Verkehrsunfall mag für einen Europäer durchaus richtig sein. Der Europäer muss jedoch zugleich zur Kenntnis nehmen und akzeptieren, dass *seine* Sichtweise und Logik dem Afrikaner bei vielem in der westlichen Welt ebenso fremd ist. Allgemein und nicht nur für Afrikaner gilt: *Wir* sind den Fremden in unserem Land *ebenso* fremd, wie sie uns fremd sind. Das Nicht-Verstehen ist *gegenseitig*. Das bedeutet für hermeneutisches Verstehen, dass es nicht darin aufgeht, „daß wir das Fremde unter das Eigene subsumieren. Wir können zwar nicht ohne Vorverständnis verstehen, aber das Vorverständnis läßt sich auch in Frage stellen"[206] Dies betont auch Patrick Chabal im Hinblick auf die Sozialwissenschaften, denen er ein „axiomatisches Gepäck" unterstellt, das in Frage gestellt werden muss; gerade wenn wir Interkulturalität ernst nehmen wollen, müssen wir die europäisch geprägten wissenschaftstheoretischen Grundlagen überdenken.[207]

Was heißt das nun für *praktisches* Zusammenleben und für ein Verstehen, das mehr ist als Text-Interpretation, das anstatt eines Zeiten-Abstands den Kultur-Abstand bedenken, nicht bewältigen, sondern respektieren will? Theo Sundermeier[208] hat unter dieser Perspektive eine „praktische Hermeneutik" vorgelegt, eine „Hermeneutik des Fremden", eine „interkulturelle Hermeneutik". Eine solche Hermeneutik verlässt den gewohnten und gemeinsamen kulturellen Hintergrund und lässt sich auf fremde Ordnungen und Denkweisen ein. Für Sundermeier ist verstehende Annäherung an das Fremde nicht nur ein intellektueller Vorgang, sondern auch und vor allem ein *Handeln*. „Wer verstehen will, muss das *Milieu* des Fremden akzeptieren und sich darin *aufhalten*."[209] Zum praktischen Verstehen des Fremden zeigt Sundermeier Stufen auf, die aufeinander aufbauen. Zuallererst dürfen wir die Erscheinung des Fremden nicht be- und verurteilen; wir müssen ihn nehmen, wie er ist, das heißt ihm zugestehen und ‚erlauben', fremd zu sein. Dazu bedarf es unserer *Sympathie* und Lernbereitschaft. Sich einzulassen, teilzuhaben und teilzunehmen, ist wichtiger als kritisches Beobachten. Weiterhin gilt es, das Fremde als Fremdes auszuhalten, sich mit *Empathie* in den Anderen hineinzuversetzen, aber ohne sich selbst aufzugeben. Schließlich kommt es auf ein *Zusammenleben* mit *Respekt* an, auf „Konvivenz" auf der Handlungsebene.

> „Das Ziel interkultureller Hermeneutik ist gelingendes Zusammenleben, bei dem jeder er selbst bleiben kann, niemand vereinnahmt wird und dennoch ein Austausch stattfindet, der die Würde des anderen respektiert und stärkt."

---

[206] Bredella, Ist das Verstehen fremder Kulturen wünschenswert?, 26 f.

[207] Chabal, The End of Conceit.

[208] Sundermeier, Den Fremden verstehen. Siehe hierzu Danner, Das Ende der Arroganz, 168–174.

[209] Sundermeier, Den Fremden verstehen, 154, Hervorh. HD.

> „Respekt heißt dann, Distanz und Nähe ins rechte Verhältnis zu setzen, […] heißt Geduld haben und aufmerksam sein, heißt zusehen und sich beteiligen."[210]

Zusammenleben bedeutet nach Sundermeier geteilte Lebenswelt. Allerdings muss hierzu angemerkt werden, dass Sundermeiers „praktische Hermeneutik" von einer Situation ausgeht, bei der ein Europäer in einer ihm fremden Kultur und Gesellschaft lebt, sich einleben, sich einfügen soll. Das gilt für den Missionar, für den Geschäftsmann oder für einen Entwicklungshelfer im fremden Land. Wesentlich aktueller wird die Anforderung an eine Hermeneutik, die sich der anderen Situation stellt, bei der nämlich die Fremden in unserem Land sind. Rund ein Viertel der Einwohner Deutschlands hat Migrationshintergrund. Die Zuwanderer und die Deutschen sind sich gegenseitig fremd – natürlich nicht vollkommen; aber es gibt Elemente des Nichtverstehens. Darin liegt eine andere Herausforderung für eine „praktische Hermeneutik".

Fremdheit fängt mit schlichten Alltagsdingen an; wir haben gesehen, dass ‚Brot' nicht gleich ‚Brot' ist, weil es mit Esskulturen zusammenhängt und diese mit Lebensgewohnheiten. Solche Zusammenhänge werden immer schwieriger verstehbar, bis es zum Nichtverstehen und Nichtakzeptieren kommt. Damit entstehen gesellschaftliche Probleme, Fremdenfeindlichkeit, Rassismus … Nach Clifford Geertz[211] ist Kultur ein Bedeutungsgeflecht, das den Mitgliedern einer Gesellschaft zugänglich ist. Das heißt, Kultur ist spezifisch für eine Gemeinschaft; Andere haben keinen unmittelbaren Zugang zu den Bedeutungen ihrer Kultur. Probleme entstehen, wo unterschiedliche ‚Bedeutungsgeflechte' zur selben Zeit am selben Ort gelten sollen, zum Beispiel das Bedeutungsgeflecht der Zugewanderten und unser deutsches. Menschen, die unterschiedlichen ‚Welten' angehören, haben ein Verstehens-Problem miteinander.

Auf diesem Hintergrund fordert Raúl Fornet-Betancourt[212] ähnlich wie Sundermeier zum *Zusammenleben* in interkulturellen Gemeinschaften auf. Diese Forderung ist das politische Ergebnis seiner Hermeneutik des Fremden. Auch er unterscheidet das *kulturell* Fremde vom allgemein Fremden, dem schlicht Anderen. Das kulturell Fremde ist innerhalb unserer Gesellschaft nichts Theoretisches; die Frem-

---

210 Ebd., 183, 185.

211 Geertz, Dichte Beschreibung, 9–35.

212 Fornet-Betancourt, Hermeneutik und Politik des Fremden, 49–59.

den sind konkret; sie sind da. Es treffen ‚Welten' aufeinander: fremde Sprachen, Lebenswelten, Religionen, Traditionen, Kulturen, Verstehenshorizonte, Bedeutungsgeflechte. Die Realität der Fremden fordert unsere *Denk-* und *Handlungsweise* heraus. *Wir* müssen uns *verändern;* denn ‚Integration' ist keine Einbahnstraße; sie ist zweibahnig. Auch für Fornet-Betancourt ist die *Übersetzung* das Modell für die Hermeneutik. Aber diese Übersetzung muss ebenfalls zweibahnig geschehen: Der Fremde ist Gesprächspartner und *Mitübersetzer.* Bei diesem verstehenden Übersetzen verstehen wir uns *selbst;* wir müssen unsere eigenen Begriffe hinterfragen, und wir müssen unsere gewohnte Weise des Erkennens ablegen. Nach Fornet-Betancourt muss eine „Politik des Fremden" die „multikulturelle Gesellschaft" unterscheiden von der „interkulturellen Gemeinschaft solidarischer Fremdwelten", die Leitkultur von „mutualité", das heißt Gegenseitigkeit. Denn ‚Multikultur' bedeutet ein Nebeneinander der Kulturen, während ein *Zusammenleben* der Kulturen angestrebt werden muss, wo Fremde nicht nur Gleiche sind, sondern solche mit kultureller Eigenheit und dem Recht auf Differenz.[213] Das verpflichtet zu Austausch und Dialog. Dialog ist ein Strukturmoment des hermeneutischen Vorgangs.

Fornet-Betancourt fordert: „Politik der Fremden soll also konkrete alltägliche Politik der Verbesserung der Qualität unseres Umgangs mit den Fremden sein."[214] Diese Forderung an die Politik können wir auch als eine *ethische* verstehen. Wie bei Littells Roman über einen Nazi-Offizier enden wir bei dem Verstehen und Nicht-Verstehen von Fremden und ihrem Fremdartigen über die Hermeneutik hinaus bei einem Verstehen-*Wollen*, und das heißt, bei einer moralischen Einstellung. Hermeneutisches Interpretieren führt uns im Hin- und Hergehen zwischen Vertrautem und Fremdem bis an eine mögliche Grenze des Verstehens, an ein Nicht-Verstehen des Fremdartigen heran. Schon bei diesem Vorgang ist die Intention des Verstehens erforderlich – die ja gerade bei Fremdenfeindlichen nicht gegeben ist. Nur ein ernsthafter Wille zum Verstehen lässt sich mit einem festgestellten Nicht-Verstehen konfrontieren. Man versteht den Fremden nicht, doch akzeptiert seine Lebensweise. Das geht so lange gut, als keine gravierenden ethischen Widersprüche auftreten:

---

213 Siehe hierzu auch Chabal, The End of Conceit; Danner, Die verstehende Sicht. – Zur Thematik der interkulturellen Hermeneutik siehe u. a. auch: Horstmann, Interkulturelle Hermeneutik; Chen, Hermeneutik zwischen eigener Tradition […]; Straub, Verstehen kultureller Unterschiede.

214 Fornet-Betancourt, Hermeneutik und Politik des Fremden, 56.

Beschneidung von Mädchen, Unterdrückung der Frauen, Ehrenmord, Hexenverfolgung, rituelles Menschenopfer … Die *hermeneutische* Forderung nach *Verstehen* muss übergehen zu ethischer, gesellschaftlicher und politischer Auseinandersetzung. Dabei darf populistische Bequemlichkeit und Engstirnigkeit nicht der Maßstab sein; denn Fremdes darf auch uns durchaus in Frage stellen.

Hermeneutik – wozu? Das war unsere anfängliche Frage. Eines sollte deutlich geworden sein: Hermeneutik hat es mit einer Anstrengung zu tun, die darin besteht, unser *Nicht-Verstehen* zu überwinden. Das verlangt als erstes, dass wir dieses einsehen und in der Folge nicht länger auf einem vermeintlichen Verstanden-Haben beharren. Über hermeneutische Fragestellungen, Perspektiven und Theorien können wir uns einem Verstehen von Sinnhaftem annähern. Sprache mit ihren vielfältigen Bezügen und Bedeutungen spielt dabei eine zentrale Rolle; sie bewegt sich in geschichtlichem und kulturellem Kontext. Hermeneutische Interpretation bringt uns den ‚Sachen' näher, hellt die sinnhafte Welt, in der wir leben, auf. Diese Welt aber erweist sich als eine begrenzte; jenseits von ihr begegnen uns andere ‚Welten', nämlich die Weltsichten anderer Kulturen. Auch dieses uns nahezubringen, uns in die Schranken unserer eigenen Welt und Weltsicht und somit unseres Verstehens zu verweisen, verdanken wir hermeneutischer Einsicht. Das sollte uns veranlassen, auch unverstandene Kulturen zu respektieren.

VI. Summary: Hermeneutics – Approaches, Perspectives, Positions

I. Hermeneutics – what for? When we talk to each other in everyday life or in serious discussions, when we listen to news, read the newspaper, books and scientific statements or when we meet a foreigner who speaks another language – always our *understanding*, our comprehension is challenged. Then it may happen that we cannot follow, we do not understand. What does a friend's email mean? What does a scientist talk about? For 2,500 years, philosophers and other scientists have been trying to find out and to demonstrate what is going on in the process that we call 'understanding'. This endeavour is labelled with the Greek term *hermeneúein* and with the Latin *interpretare*. Over many centuries, the question has been how texts e. g. by Homer, how the bible and how a legal text had to be interpreted, but also, what had to be considered in this process of interpreting and of 'translating' the meaning of an old text into a contemporary understanding. These specific roots of *hermeneutics* became generalized by a philosophical question: What happens and what has to be considered in any case when we make a statement, when we interpret or translate?

II. Approaches to hermeneutics. When we talk about 'understanding' in the hermeneutic context, this is related to the *human* sphere. We want to comprehend: something human. A striking experience may be to stumble across a little stone pyramid in the middle of a natural environment that you have considered to be totally untouched by humans. But in the middle of 'pure nature' something obviously human in a way 'attacks' you with questions: Who has set it up? What does it mean? What did somebody want to tell somebody else? This stone pyramid is totally different to the surrounding natural objects.

By asking those questions, you are involved in *language*. Each word and sentence, each talk and text carry a certain meaning that has to be understood. Humboldt draws our attention to the fact that on the one hand language has been *given* to me; it restricts its use to rules and laws. On the other hand it is *my* language that I form and use according to my creativity. Thus we are involved in a permanent *change* of our language. By that, language becomes ambiguous. Therefore, interpretation has to consider two things: the totality of language, its structure, its regularity, *and* its realisation by a speaker. Understanding has to take into account the generality of language and the individual thought that expresses itself through language.

We can roughly distinguish between the *natural sciences* and the *humanities*. This is necessary in order to classify hermeneutics appropriately. Sciences are concerned with data, processes, reactions, connections that can be found in the organic and inorganic realm. These interrelationships are characterised by the fact that they are causal, i. e. that certain causes result in unambiguous effects, that predictability is thus possible and – quite decisively – that *general validity* is given. The *humanities* are explicitly concerned with areas that are determined by *human action*, by the behaviour of individuals and of societies. Something comes into play here that 'disturbs' causal reactions and connections. This has many names: 'spirit', 'freedom', 'meaning', 'values', 'human'. As a result of this and of decisions and evaluations, human behaviour and actions are no longer clearly predictable. In other words, it is not a matter of causal, but rather of *meaningful* connections. This is related to the fact that human action cannot be explained quantitatively – on the basis of stimulus-reaction and cause-effect – but that qualitative factors must be taken into account: values, meanings, sense. All that cannot be grasped by mathematical formulas, but only by *language*.

III. Perspectives of hermeneutics. It can be demonstrated under different perspectives what hermeneutics is, what it deals with and how its kind of recognition makes human action and thinking accessible, i. e. understandable.

Understanding turns out to be the central concept and process with which hermeneutics is concerned. This is an understanding of meaning and *sense* that must be distinguished from colloquial and psychological understanding and from causal explanation. Understanding of sense has this structure: something is perceived and recognised as something in its meaning. In a narrower hermeneutic sense, it is an understanding of *language* – of a written text or of a speech. In understanding, we interpret the meaning, the sense of a text by orienting ourselves at the same time to the matter addressed.

Understanding is aimed at the *sense,* the *meaning*, that a text, a sentence, a word wants to convey, ultimately what an author intends to say. Sense is what he tries to express. On the one hand, this requires that by interpreting we also understand the factual *context* in which the sentence, the text and the meaning stand. On the other hand, this refers to the author's task of fully and adequately grasping and presenting the meaning of the *matter* he is bringing afore; this is why Gadamer can say that the meaning of a text surpasses its author. The meaningfulness that constitutes the mediation through *language* must be distinguished from the meaningfulness that refers to the matter, ultimately to its *existential* meaning.

That which comes afore through language when we think and express our thoughts – what is that? Where does it come from? What precedes our thinking? This was called the "inner word" by Augustine; Gadamer takes it up in the context of hermeneutics. The *"inner word"*, which does not yet belong to any concrete language, is uttered through the "mouth of the body" (Augustine). In this process, what is said and written loses perfection in comparison to what is thought, the matter. The imperfection of the "outer" in relation to the "inner word" constitutes the necessity and the desire to understand and to interpret hermeneutically. This is also the reason for the hermeneutic dialogue, in order to come closer to the "inner word" – what is meant, the matter.

Translation can serve as a model for this process of hermeneutic interpretation: We want to understand and express what is said in the other language. To do this, we have to grasp the sense of what is meant, what – so to speak – the "inner word" in the foreign-language text says. As translators, we interpret the foreign-language text and try to bring its sense into our own language. Foreign-language translation is only a special case of the hermeneutic task; for, a translator is an interpreter; he or she strives to find the meaning of the text as in a conversation. Here, too, it is a matter of orienting oneself to the matter that is to be expressed appropriately in the respective language. It becomes apparent that translation, like hermeneutic interpretation, must be satisfied with an approximation to the matter.

This process of understanding the sense, the grasping what is meant by the author as in a translation from a foreign language, does not take place in a straight line, but as a back and forth movement. This moves between the interpreter's provisional understanding of the matter and what is meant in the text, in the author's speech. Here, too, it becomes clear that there is an approximation, not a complete and final grasping and possessing the meaning. The process of approach, the gradual understanding, the going back and forth is the movement of the *hermeneutic circle*. What is assumed in the effort to understand can be named differently: pre-opinion, pre-understanding, pre-knowledge, part, etc. Expectation of meaning, design, (positive) prejudice play a role in this by giving direction to the interpretation. What is decisive here is that the interpreter's assumption is gradually corrected through the confrontation with the text and the matter addressed. In this process an approximation to the meaning of the matter represented by the author takes place – an understanding, but not an overpowering.

IV. Hermeneutic positions. Until the 17th century, three directions of hermeneutics were dominant: the theological, the philological and the juridical. Schleiermacher, in particular, then established hermeneutics as a *general* over the special hermeneutics – as the "art of understanding".

Schleiermacher (1768–1834) perceives the starting point of hermeneutic textual understanding from two sides: Understanding must take into account the *totality of language;* and it must engage with the *specific thinking* of the author. This is what he calls the grammatical and the 'psychological' interpretation. Therefore, understanding a text means interpreting the given language and comprehending the author's thinking.

Unlike Schleiermacher, *Dilthey* (1833–1911) places the process of understanding in a more comprehensive, deeper context. In texts, in actions, in human products, we must recognise an expression of *life;* also language is an expression of life. In actions and in language, life expresses itself; understanding thus becomes a *re-experiencing;* an expression of life is comprehended by understanding. This is possible because of the commonality in which we express ourselves – in language, actions, products – and in which we understand. This commonality is given by the 'objective spirit'.

While Schleiermacher strives for a general hermeneutics and Dilthey locates his hermeneutics within the framework of a philosophy of life, *Gadamer* (1900–2002) conceives his hermeneutics following Heidegger's analysis of "Dasein". Understanding thus becomes more than an interpretation of texts; for it is an *existential,* and that means human life, "Dasein", is characterised by understanding. We exist by understanding. This happens as an event of language. Through language, we approach a common understanding, namely the understanding of the matter under discussion.

V. Understanding the present time and the foreign. Littell's novel "The Kindly Ones" depicts the actions and experiences of a Nazi officer during the Second World War. The novel provoked controversial opinions; especially from a literary perspective it was strongly condemned. But from a *hermeneutic* perspective, we have to ask whether we are not supposed to grasp the *sense* of this novel – what is meant, what is depicted, whether we like it or not? Or do we expect an explanation for the actions of the perpetrator, for his motives, for his hatred of Jews? The Nazi ideology adopted and lived out by the protagonist is the 'logic', the meaningfulness, of his actions; this does not pose the question of whether his thoughts and actions are meaningful and valuable in the sense of an *ethical* justification. Within the framework of the logic and the worldview of a Nazi, the ongoing murder is justified – after all, he is dealing with an "unworthy life". Therefore, the perpetrator has no scruples in principle. Hermeneutically, it is not about explaining the facts, about psychological causes and moral reasons, but about understanding what is *given* and said. But from a psychological and aesthetic point of view, we are guided by feelings about what is described; we are horrified, disgusted. The question therefore arises whether hermeneutic interpretation can be unaffected by moral judgement. Therefore, can I say: Hermeneutically I understand what is being said, but it is none of my business? This questions hermeneutic procedure: Does an ethical judgement of the interpreter and reader have a place in hermeneutic theory?

In another perspective, we can expand our questioning from hermeneutic *textual* understanding to an understanding of the *cultural*. Can we understand *foreign cultures?* This question seems to be necessary if we want to interpret not only languages. In the first place we are talking about the 'matter', about cultures that are unfamiliar because they are foreign. The foreign means that *my* perception and interpretation of the alien world is not sufficient. When we want to understand cultures, we question artefacts, attitudes, beliefs, social and political behaviour. These, not just language, have meaning; as objects they have sense and purpose. Here, understanding proceeds from the matter, not from language as in text interpretation. But are we able to understand other cultures based on *unknown* forms of thinking, perception and different spiritual interpretations of human life? It is about a different way of thinking and perceiving the world. We have to accept this and acknowledge the limits of our understanding. In general, the following applies: We are just as foreign to foreigners as they are foreign to us; the non-understanding is mutual. It is up to us to accept our limitation and to give room for another worldview beyond our strict hermeneutic interpretation.

Literatur

Adorno, Theodor W. (1964): Jargon der Eigentlichkeit. Frankfurt am Main: Suhrkamp.

Arnswald, Ulrich u. a. (Hg.) (2012): Hermeneutik und die Grenzen der Sprache. Heidelberg: Manutius.

Arthos, John (2009): The Inner Word in Gadamers Hermeneutics. Notre Dame University Press.

Arthos, John (2011): „The Fullness of Understanding"? The Career of the Inner Word in Gadamer Scholarship; in: Philosophy Today, 55/2.

Ast, Friedrich (1976): Hermeneutik; in: Gadamer, Hans-Georg/Boehm, Gottfried (Hg.): Seminar: Philosophische Hermeneutik. Frankfurt am Main: Suhrkamp, S. 111–130.

Augustinus, Aurelius (2001): De trinitate, Bücher VIII–XI, XIV–XV, Anhang: Buch V neu übersetzt und mit Einleitung hg. von Kreuzer, Johann, lateinisch-deutsch. Hamburg: Meiner.

Bartmann, Sylke (2012): Nicht das Fremde ist so fremd, sondern das Vertraute so vertraut. Ein Beitrag zum Verständnis von kultureller Differenz; in: Bartmann, Sylke/Immel, Oliver (Hg.): Das Vertraute und das Fremde. Differenzerfahrung und Fremdverstehen im Interkulturalitätsdiskurs. Bielefeld: transcript.

Betti, Emilio (1972): Die Hermeneutik als allgemeine Methodik der Geisteswissenschaften, 2. Aufl. Tübingen: Mohr.

Bollnow, Otto F. (1976): Paul Ricœur und die Probleme der Hermeneutik; in: Zeitschrift für philosophische Forschung, 30. Jg., S. 167–189, 389–412.

Bollnow, Otto F. (1982): Studien zur Hermeneutik. Band I: Zur Philosophie der Geisteswissenschaften. Freiburg/München: Alber.

Bredella, Lothar (1993): Ist das Verstehen fremder Kulturen wünschenswert?; in: Bredella, Lothar/Christ, Herbert (Hg.): Zugänge zum Fremden. Gießen: Ferber, S. 11–36.

Brocker, Manfred/Nau, Heino H. (Hg.) (1997): Ethnozentrismus. Möglichkeiten und Grenzen des interkulturellen Dialogs. Darmstadt: WBG.

Busch, Christophe/Hördler, Stefan/van Pelt, Robert J. (Hg.) (2020): Das Höcker-Album. Auschwitz durch die Linse der SS. Darmstadt: WBG Academic.

Chabal, Patrick (2012): The End of Conceit. Western Rationality after Postcolonialism. London/New York: Zed Books.

Chen, Hsuan-Erh (2008): Hermeneutik zwischen eigener Tradition und fremder Kultur. Zum Problem des Fremden in den hermeneutischen Theorien von Hans-Georg Gadamer und Eric Donald Hirsch. Diss. Ruhr-Universität Bochum.

Cox, Gary (2018): Jean-Paul Sartre. Existentialismus und Exzess. Darmstadt: WBG.

Danner, Helmut (1995): Hermeneutics in Educational Discourse: Foundations; in: Higgs, Philip (Hg.): Metatheories in Philosophy of Education. Johannesburg: Heinemann.

Danner, Helmut (2003): Was ist *pädagogische* Hermeneutik?; in: Pädagogische Rundschau, 57 (2003), S. 201–211.

Danner, Helmut (2006): Methoden geisteswissenschaftlicher Pädagogik. Einführung in Hermeneutik, Phänomenologie und Dialektik. 5. Aufl. München: Reinhardt.

Danner, Helmut (2012): End of Arrogance. Africa and the West – Understanding their Differences. Nairobi: East African Educational Publishers.

Danner, Helmut (2012): Das Ende der Arroganz. Afrika und der Westen – ihre Unterschiede verstehen. Frankfurt am Main: Brandes & Apsel.

Danner, Helmut (2014): Die verstehende Sicht. Patrick Chabals Kritik an der westlichen Rationalität; in: polylog 32. Wien, S. 85–98.

Danner, Helmut (2015): Von westlicher Arroganz zu interkultureller Bildung. Ein Versuch; in: Vierteljahrsschrift für wissenschaftliche Pädagogik 3/2015, S. 353–373.

Danner, Helmut (2017): Bildung angesichts Fremdenfeindlichkeit und Populismus; in: Vierteljahrsschrift für wissenschaftliche Pädagogik 4/2017, S. 508–525.

Danner, Helmut (2017): Die dialogische Struktur der Hermeneutik; in: Krautz, Jochen (Hg.): Erziehungsweisen und Bezogenheiten. Relationalität in Pädagogik, Kunst und Kunstpädagogik. München: kopaed, S. 95–117.

Danner, Helmut (2020): Hilft die „dichte Beschreibung", fremde Kulturen zu verstehen? Eine hermeneutische Frage an Clifford Geertz; in: Gmainer-Pranzl, Franz/Schellhammer, Barbara (Hg.): Culture – A Life of Learning. Clifford Geertz und aktuelle gesellschaftliche Herausforderungen. Berlin u. a.: Peter Lang, S. 101–126.

Demmerling, Christoph (2002): Sinn, Bedeutung, Verstehen. Untersuchungen zu Sprachphilosophie und Hermeneutik. Paderborn: Mentis.

Diemer, Alwin (1974): Geisteswissenschaften; in: Hist. Wb. Philos. 3. Darmstadt: WBG, Sp. 211–215.

Dilthey, Wilhelm (1979): Der Aufbau der geschichtlichen Welt in den Geisteswissenschaften. Gesammelte Schriften, VII. Band, 7. Aufl. Stuttgart/Göttingen: Teubner u. a.

Dilthey, Wilhelm (1982): Die geistige Welt. Einleitung in die Philosophie des Lebens. Gesammelte Schriften, VI. Band. 6. Aufl. Stuttgart/Göttingen: Teubner u. a.

Dittrich, Volker (2008): Ein Gespräch mit Edgar Hilsenrath über Jonathan Littells Roman „Die Wohlgesinnten"; in: https://literaturkritik.de/public/rezension.php?rez_id=11904&ausgabe=200805, 11.3.2021.

Ficara, Elena (Hg.) (2015): Texte zur Hermeneutik. Von Platon bis heute. Stuttgart: Reclam.

Figal, Günter (1996): Der Sinn des Verstehens. Beiträge zur hermeneutischen Philosophie. Stuttgart: Reclam.

Figal, Günter (2002): The Doing of the Thing Itself: Gadamer's Hermeneutic Ontology of Language; in: Dostal, Robert J. (Hg.): The Cambridge Companion to Gadamer. Cambridge University Press, S. 102–125.

Fornet-Betancourt, Raúl (2002): Hermeneutik und Politik des Fremden; in: Schmied-Kowarzik, Wolfdietrich (Hg.): Verstehen und Verständigung. Würzburg: Königshaus & Neumann.

Frank, Manfred (1979): „Was heißt ‚einen Text verstehen'?"; in: Nassen, Ulrich (Hg.): Texthermeneutik. Aktualität, Geschichte, Kritik. Paderborn u. a.: Schöningh, S. 58–78.

Gadamer, Hans-Georg (1974): Hermeneutik; in: Hist. Wb. Philos. 3. Darmstadt: WBG, Sp. 1061–1073.

Gadamer, Hans-Georg (1975): Wahrheit und Methode. Grundzüge einer philosophischen Hermeneutik. 4. Aufl. Tübingen: Mohr/Siebeck. (Zitiert als Wahrheit und Methode I).

Gadamer, Hans-Georg/Boehm, Gottfried (1976) (Hg): Seminar: Philosophische Hermeneutik. Frankfurt am Main: Suhrkamp.

Gadamer, Hans-Georg/Boehm, Gottfried (1978) (Hg.): Seminar: Die Hermeneutik und die Wissenschaften. Frankfurt am Main: Suhrkamp.

Gadamer, Hans-Georg (1993): Wahrheit und Methode. Ergänzungen, Register. Gesammelte Werke, Bd. 2, 2. Aufl. Tübingen: Mohr/Siebeck. (Zitiert als Wahrheit und Methode II).

Geertz, Clifford (1973): The Interpretation of Cultures, New York: Basic Books.

Geertz, Clifford (1987): Dichte Beschreibung: Beiträge zum Verstehen kultureller Systeme. 12. Aufl. Frankfurt am Main: Suhrkamp.

Grill, Bartholomäus (2020): Adieu, Afrika; in: https://www.spiegel.de/politik/ausland/spiegel-korrespondent-blickt-zurueck-auf-40-jahre-adieu-mein-afrika-a-00000000-0002-0001-0000-000171426722, 5.6.2020.

Grondin, Jean (^{3}2012): Einführung in die philosophische Hermeneutik. Darmstadt: WBG.

Grondin, Jean (2012): Universalität der Sprachlichkeit oder Grenzen der Sprache. Widerspricht Gadamers späte Erinnerung an die Grenzen der Sprache der These von der Universalität der Sprachlichkeit in Wahrheit und Methode?; in: Arnswald, Ulrich u. a. (Hg.) (2012): Hermeneutik und die Grenzen der Sprache. Heidelberg: Manutius, S. 25–30.

Heidegger, Martin (1963): Sein und Zeit. 10. Aufl. Tübingen: Niemeyer.

Heller, Peter (2019): Verkaufte Götter – getauscht, geraubt, gerettet. Von Sammlern, Händlern und Räubern der alten Kunst Afrikas. Dokumentarfilm. München: Filmkraft.

Hiebel, Hans (2017): Interpretieren: eine Einführung in die literarische Hermeneutik. Würzburg: Königshausen & Neumann.

Horstmann, Axel (1999): Interkulturelle Hermeneutik. Eine neue Theorie des Verstehens?; in: DZPhil, Berlin 47/3, S. 427–448.

Hufnagel, Erwin (1976): Einführung in die Hermeneutik. Stuttgart: Kohlhammer.

Humboldt, Wilhelm von (1963): Natur und Beschaffenheit der Sprache überhaupt; in: ders.: Werke in fünf Bänden; hg. von Flitner, Andreas/Giel, Klaus; Bd. III, Darmstadt: WBG, S. 425–440.

Ineichen, Hans (1991): Philosophische Hermeneutik. Freiburg/München: Alber.

Joisten, Karen (2009): Philosophische Hermeneutik. Berlin: Akademie-Verlag.

Jung, Matthias (2012): Hermeneutik zur Einführung. 4. Aufl. Hamburg: Junius.

Kaegi, Dominic (1994): Was heißt und zu welchem Ende studiert man philosophische Hermeneutik?; in: Philosophische Rundschau 41, S. 116–132.

Kämpf, Heike (2003): Die Exzentrizität des Verstehens. Zur Debatte um die Verstehbarkeit des Fremden zwischen Hermeneutik und Ethnologie. Berlin: Parerga.

Kant, Immanuel (1966): Beantwortung der Frage: Was ist Aufklärung?; in: Kant, Immanuel: Werke in sechs Bänden, hg. von Weischedel, Wilhelm. Band 6. Darmstadt: WBG, S. 53–57.

Kenyatta, Jomo (1965): Facing Mount Kenya. New York.

Kister, Kurt (2010): Eine Geographie des Grauens; in: Süddeutsche Zeitung, 17.5.2010: www.sz.de/1.270040.

Koller, Hans-Christoph (2003): „Alles Verstehen ist daher immer zugleich ein Nicht-Verstehen"; in: Zeitschrift für Erziehungswissenschaft, S. 515–531.

König, G. (1984): Naturwissenschaften; in: Hist. Wb. Philos. 6. Darmstadt: WBG, Sp. 641–650.

Lévy, Bernard-Henri (2002): Sartre. Der Philosoph des 20. Jahrhunderts. Darmstadt: WBG.

Littell, Jonathan (2008): Die Wohlgesinnten. Berlin: Berlin Verlag. (Französische Originalausgabe: Les Bienveillantes, Paris: Gallimard, 2006; englisch: The Kindly Ones, New York: Harper Collins, 2009).

Makumba, Maurice M. (2007): Introduction to African Philosophy. Nairobi.

Mall, Ram A. (2002): Andersverstehen ist nicht Fremdverstehen: Das Erfordernis einer interkulturellen Verständigung; in: Schmied-Kowarzik, Wolfdietrich (Hg.): Verstehen und Verständigung. Würzburg: Königshausen & Neumann.

Mantzavinos, Chrysostomos (2020): Hermeneutics; in: Zalta, Edward N. (Hg.): The Stanford Encyclopedia of Philosophy (Spring 2020 Edition).

Mbembe, Achille (2017): Kritik der schwarzen Vernunft. Berlin: Suhrkamp.

Mbiti, John S. (1999): African Religions and Philosophy. Nairobi.

Mesch, Stefan: Knapp vorbei, Deutschland – Zur literaturkritischen Rezeption von Jonathan Littells „Die Wohlgesinnten"; in: https://literaturkritik.de/public/rezension. Php?rez_id=11900&ausgabe=200805, 11.3.2021.

Nassen, Ulrich (Hg.) (1979): Texthermeneutik. Aktualität, Geschichte, Kritik. Paderborn u. a.: Schöningh.

Oliva, Mirela (2009): Das innere Verbum in Gadamers Hermeneutik. Tübingen: Mohr Siebeck.

Radisch, Iris (2008): Am Anfang steht ein Missverständnis; in: DIE ZEIT, 14.2.2008.

Richter, Christoph (2012): Musik verstehen. Vom möglichen Nutzen der philosophischen Hermeneutik für den Umgang mit Musik. Augsburg: Wissner.

Ricœur, Paul (1978): Der Text als Modell: hermeneutisches Verstehen; in: Gadamer, Hans-Georg/Boehm, Gottfried (Hg.): Seminar: Die Hermeneutik und die Wissenschaften. Frankfurt am Main: Suhrkamp, S. 83–117.

Ricœur, Paul (2005): Vom Text zur Person. Hermeneutische Aufsätze (1970–1999). Hamburg: Meiner.

Rittelmeyer, Christian/Parmentier, Michael (2001): Einführung in die pädagogische Hermeneutik. Darmstadt: WBG.

Rittelmeyer, Christian (2013): Einführung in die Gestaltung von Schulbauten. Frammersbach: Farbe und Gesundheit.

Ritter, Joachim (1971 ff.): Historisches Wörterbuch der Philosophie. Darmstadt: WBG, abgekürzt: Hist. Wb. Philos.

Röska-Hardy, Louise (2012): „Alles in der Hermeneutik vorauszusetzende ist nur Sprache". Zur Sprachlichkeit des Verstehens; in: Arnswald, Ulrich u. a. (Hg.): Hermeneutik und die Grenzen der Sprache. Heidelberg: Manutius, 3–24.

Sarr, Felwine (2019): Afrotopia. Berlin: Matthes und Seitz.

Sartre, Jean-Paul (1958): Was ist Literatur? Hamburg: Rowohlt.

Sartre, Jean-Paul (1966): Das Sein und das Nichts. Hamburg: Rowohlt.

Schellhammer, Barbara (2019): Fremdheitsfähig werden. Zur Bedeutung von Selbstsorge für den Umgang mit Fremdem. Freiburg/München: Alber.

Schellhammer, Barbara/Goerdeler, Berthold (Hg.) (2020): Bildung zum Widerstand. Darmstadt: WBG.

Schleiermacher, Friedrich D. E. (1959): Hermeneutik; hg. von Kimmerle, Heinz. Heidelberg.

Schleiermacher, Friedrich D. E. (1966): Pädagogische Schriften. Unter Mitwirkung von Schulze, Theodor, hg. von Weniger, Erich. Band I: Die Vorlesungen aus dem Jahre 1826. 2. Aufl. Düsseldorf/München.

Schleiermacher, Friedrich D. E. (1976): Über den Begriff der Hermeneutik mit Bezug auf F. A. Wolfs Andeutungen und Asts Lehrbuch; in: Gadamer, Hans-Georg/Boehm, Gottfried (Hg.): Seminar: Philosophische Hermeneutik. Frankfurt am Main: Suhrkamp, S. 131–165.

Schleiermacher, Friedrich D. E. (1977): Hermeneutik und Kritik; hg. und eingeleitet von Frank, Manfred. Frankfurt am Main: Suhrkamp.

Seiffert, Helmut (1992): Einführung in die Hermeneutik. Die Lehre von der Interpretation in den Fachwissenschaften. Tübingen: Francke.

Signer, David (2004): Die Ökonomie der Hexerei, oder Warum es in Afrika keine Wolkenkratzer gibt. Wuppertal: Peter Hammer.

Smith, David (1997): Interpreting Educational Reality; in: Danner, Helmut (Hg.): Hermeneutics and Educational Discours. Johannesburg: Heinemann, S. 59–74.

Steinfeld, Thomas (2010): Ein schlauer Pornograph. Jonathan Littell: „Die Wohlgesinnten“; in: Süddeutsche Zeitung, 17.5.2010.

Straub, Jürgen (2010): Das Verstehen kultureller Unterschiede. Relationale Hermeneutik und komparative Analyse in der Kulturpsychologie; in: Cappai, Gabriele u. a. (Hg.): Interpretative Sozialforschung und Kulturanalyse. Bielefeld: transcript Verlag, S. 39–100.

Sundermeier, Theo (1996): Den Fremden verstehen. Eine praktische Hermeneutik. Göttingen: Vandenhoek und Ruprecht.

Süselbeck, Jan (2008): Nicht ohne Beispiel; in: https://literaturkritik.de/public/ rezension.php?rez_id=11882&ausgabe=200805, 11.3.2021.

Szondi, Peter (1975): Einführung in die literarische Hermeneutik. Studienausgabe der Vorlesungen 5. Frankfurt am Main: Suhrkamp.

Vedder, Ben (2000): Was ist Hermeneutik? Ein Weg von der Textdeutung zur Interpretation der Wirklichkeit. Stuttgart u. a.: Kohlhammer.

Waldenfels, Bernhard (2013): Topographie des Fremden. Studien zur Phänomenologie des Fremden 1. 6. Aufl. Frankfurt am Main: Suhrkamp.

Wirz, Albert (1997): Das Bild vom anderen. Möglichkeiten und Grenzen interkulturellen Verstehens; in: Brocker, Manfred/Nau, Heino H. (Hg.): Ethnozentrismus. Möglichkeiten und Grenzen des interkulturellen Dialogs. Darmstadt: WBG.

FSC
www.fsc.org
MIX
Papier | Fördert gute Waldnutzung
FSC® C083411

Zeitfracht Medien GmbH
Ferdinand-Jühlke-Straße 7
99095 Erfurt, Deutschland
produktsicherheit@kolibri360.de